AF565814

UNHEIMLICHE ORTE IN FRANKEN

IMPRESSUM

Alexander und Simone Pavel: Unheimliche Orte in Franken
Lektorat: Yvonne Durmann
Gestaltung und Satz: Frank Siebenkäß
Druck und Bindearbeiten: Scandinavianbooks

Die Deutsche Nationalbibliothek verzeichnet diese Publikation in der Deutschen Nationalbibliografie; detaillierte bibliografische Daten sind im Internet über http://dnb.d-nb.de abrufbar.

2. Auflage 2023
©Fahner Verlag
Nürnberger Str. 19
91207 Lauf a. d. Pegnitz

ISBN 978-3-942251-70-9

GEDRUCKT AUF PAPIER AUS NACHHALTIGER FORSTWIRTSCHAFT

ALEXANDER UND SIMONE PAVEL

UNHEIMLICHE ORTE IN FRANKEN

ZEICHEN DER VERGÄNGLICHKEIT AUF
DEM JOHANNISFRIEDHOF IN NÜRNBERG

INHALT

DAS ALTMÜHLTAL

NÜRNBERG UND NÜRNBERGER LAND

DIE FRÄNKISCHE SCHWEIZ

DAS FICHTELGEBIRGE

DIE HASSBERGE

ODENWALD UND SPESSART

DIE RUINEN DER FESTUNG ROTHENBERG

DAS ALTMÜHLTAL

Neben den Dinosauriern, deren Fossilien die Fantasie der Menschen früherer Zeiten anregte und sie Geschichten von mächtigen Drachen ersinnen ließ, waren es vor allem die Römer, die im idyllisch wirkenden Altmühltal ihre Spuren hinterließen. Hier, in der von tiefen Wäldern, grau leuchtenden Felsformationen und weitläufigen Auen geprägten Landschaft fanden die Menschen späterer Jahrhunderte die beeindruckenden Zeugnisse der fremden Eroberer. Das Vermächtnis der Römer, der Limes, der längste Grenzwall der Antike und gleichzeitig das größte Bauwerk, das je in Europa errichtet wurde, stellte die Menschen des Mittelalters vor ein kaum lösbares Rätsel. Ein derart gigantisches Bauwerk konnte in ihrer abergläubischen Vorstellung nur der Leibhaftige selbst erbaut haben. So gaben sie dem Bauwerk den Namen Teufelsmauer.

DIE TEUFELSMAUER

Seit Stunden wurde die Erde erschüttert. Es war ein ständig wiederkehrendes Beben, das die Dunkelheit erzittern ließ. Jeden Nerv und Muskel unbarmherzig packend, zum Zerreißen spannend und marternd, erfüllte es die unheilvolle Nacht. Weder Mensch noch Tier im Altmühltal fanden in den Schlaf. Gleich dem monotonen Rhythmus, der die Zahnradzwischenräume eines ungeheuren Uhrwerks ausfüllt, wummerte das konstante Schlagen in den Köpfen aller Lebewesen. Es hämmerte in ihren Gehirnen, ließ ihre Zähne knirschen und sich vom zirkulierenden Blut in die hintersten Winkel ihres fleischgewordenen Widerhalls tragen.

So auslaugend und enervierend das Getöse auch sein mochte, keines der Lebewesen im Altmühltal war sich der Gefahr bewusst, in der sie alle seit Anbruch der Nacht schwebten. Der Teufel, neidvoll und eifersüchtig, wie es ihm als gefallenem Engel von alters her entsprach, hatte von Gott ein eigenes Stück Land auf der Erdoberfläche für sich und die Seinen gefordert. Die Enge der Hölle im Inneren der Erde, ihr schwefeldickes Klima und die Hitze des ewig brennenden Feuers verfluchend, war er emporgestiegen und hatte Klage erhoben, wie er es seit der Schöpfung unentwegt getan hatte. Er beschwerte sich auch dieses Mal über die vermeintliche Bevorzugung der Menschen durch seinen ehemaligen Arbeitgeber. Natürlich

TEIL DER TEUFELSMAUER – KASTELL BIRICIANA IN WEISSENBURG

DECURIONES·HUIUS·CIVITATIS
ANNO·A·U·C·MMDCCXLIII
HANC·PORTAM·DECUMANAM
A·FUNDAMENTIS·RESTITUERUNT

ignorierte er dabei die den Menschen auferlegte Sterblichkeit, ihre körperlichen Gebrechen, ihr beschränktes Wesen und damit ihre offensichtliche Benachteiligung gegenüber den Unsterblichen. Wie in den tausendfachen, ausufernden Reden zuvor, hielt er auch dieses Mal ein flammendes Plädoyer für die längst überfällige Gleichberechtigung der Höllenwesen.

Nachdem der Teufel geendet hatte, strich sich Gott sinnierend durch den langen, weißen Bart. Er liebte es, sich dem Satan als altersweiser Philosoph zu präsentieren. Sein Gegenüber, im Gegensatz dazu überaus abstoßend gestaltet, hüpfte wie ein ungeduldiges Kind von einem Huf auf den anderen. Seine insektenartigen Facettenaugen zuckten nervös, seine schwimmhautbewehrten Froschfinger kräuselten aufgewühlt in seinem züngelnden Schlangenhaar.

Mochte es seine strapaziöse Beharrlichkeit gewesen sein oder tatsächlich der Keim eines Zweifels, den seine Rede beim Allmächtigen ausgelöst hatte. Dieses Mal entschied der Herrscher über Himmel und Erde anders als in den Äonen zuvor. Mit einer Stimme, die den Kosmos gleich einem trockenen Keks in seine Bestandteile zu zerbröseln vermochte, hob er an, seine Entscheidung zu verkünden. Aus Furcht vor der Gottgewalt versteckte sich der Teufel hinter einem seiner mit Warzen und Brandblasen übersäten Diener. Die göttlich gleißende Wucht der Worte riss den zum Schutzschild umfunktionierten Dämon in klebrige Fetzen.

Nun hörte der wimmernde Teufel, vor Angst seine Blase flammend entleerend, das dröhnende Gottesurteil. Er traute seinen Fledermausohren nicht. Hatte er das gerade richtig verstanden? Anmaßend tumb fragte er nach. Seine Geduld in den grell leuchtenden und sengenden Blitzen des Universums verlierend, atmete der Schöpfer einmal tief durch und wiederholte sein Urteil. Dem Teufel sollte all das Land auf der Erdoberfläche gehören, das er im Laufe einer Nacht bis zum ersten Hahnenschrei mit einer Mauer ringförmig umziehen und somit vom Rest der Welt abgrenzen könnte.

Um nicht noch mehr Zeit mit dem parasitären Höllenfürsten verschwenden zu müssen, schob Gott die Sonne besonders schnell dem Horizont entgegen und ließ die Nacht hereinbrechen. Der Teufel, hoch motiviert, begann sofort mit der Arbeit. Stein um Stein baute er eine gewaltige Mauer. Das gleichmäßig kraftvolle Aufeinanderschlichten erschütterte die Erde in ihren Grundfesten und hielt die Menschen des hübschen Landstriches, den er sich als Refugium auserwählt hatte, die ganze Nacht in Atem. Vor seinen Facettenaugen malte er sich bereits aus, wie er dieses Stück Land im Altmühltal gestalten würde. Zahlreiche höllische Gartenarchitekten und Innenraumausstatter hatten in tausendjähriger Arbeit all seine Wünsche aufgenommen, Pläne entworfen und Modelle gebaut. Wie oft hatte er mit selbst gebastelten Spielfiguren schon sein infernalisches Diorama bespielt. Und nun sollte dieser Traum endlich in Erfüllung gehen. Immer weiter baute er seine Mauer. Doch gefangen in der Verzückung seines Wunschtraumes vergaß er, die Mauer wieder zu ihrem Ursprung zurückzuführen und somit einen Ring zu schließen. Stattdessen baute er, dem Verlauf der Landschaft folgend, einfach immer weiter.

Als der erste Hahnenschrei den neuen Tag begrüßte, wurde ihm sein Fehler nur allzu schmerzlich bewusst. Er hatte seine einmalige Chance auf ein eigenes Stück Land auf der herrlich sonnenbeschienenen Erdoberfläche vertan. Kein Urlaub und keine langen Wochenenden würden den höllischen Alltagstrott aus Foltern und Martern erholsam unterbrechen. Vorbei der Traum von Cocktails mit Schirmchen am erfrischend kühlen Pool ... Wenn überhaupt, würde es weitere Ewigkeiten dauern, bis er erneut eine solche Gelegenheit bekäme. Er brach in schwefelgelbe Tränen aus. Aus Zorn über sein selbst verschuldetes Missgeschick rannte er greinend und jammernd an der soeben errichteten Mauer entlang und verteilte deren Steine mit trotzigen Tritten in der Landschaft. Von Gram erfüllt fuhr er schluchzend zurück in die Hölle. Die ruinösen Reste der Mauer bezeichneten die Menschen in den folgenden Jahrhunderten ahnungsvoll als Teufelsmauer.

NACH HANS SCHLUND: „DIE TEUFELSMAUER"; FRÄNKISCHE ALTMÜHL – SAGEN UND LEGENDEN O. S.

DIE WEISSE GESTALT

DER RÖMERBRUNNEN BEI WEISSENBURG

Gefährlich tief war er in den dichten Wald vorgedrungen und hatte sich viel zu weit von seinen Kameraden entfernt. Der junge römische Legionär hatte sich verirrt. Er war gefangen in dem grausig grünen Urwald der Germanen. Dicht an dicht standen die gewaltigen Bäume, deren ausladende Kronen das Tageslicht aussperrten und alles in unwirkliches Zwielicht tauchten. Finstere Schatten pirschten durchs Unterholz, bedrohliche Geräusche flossen knackend und raschelnd in sein Ohr, waberten als unheimliche Gespinste in sein Hirn und gebaren dort nackte Angst. Sein gezücktes Schwert in der panisch verkrampften Hand stolperte er durch das weglose Unterholz. Das Ächzen der Äste unter seinen zitternden Füßen, das grimmige Reißen und Zerren der Dornen an seiner Tunika. Dazu die kreischende Angst in seinem Kopf. All das hüllte den Legionär in eine kratzende und beißende Symphonie der Ausweglosigkeit.

Noch wenige Stunden zuvor war er mit seinen Kameraden auf der Suche nach versprengten germanischen Kriegern gewesen. Doch nun war er allein. Allein in dem Grauen, das sich brutal immer tiefer in seine Seele fraß. Ebenso lüstern und jeglichen Widerstand brechend, wie sich das römische Imperium in den vergangenen Jahren tiefer und tiefer in die Welt der Germanen gefressen hatte. Gleich einem monströsen Tier verschlang es Land und Menschen. Unersättlich trieb es immer weiter voran und seine Opfer vor sich her. Doch anders als viele andere Völker, die sich der Bestie ergaben, hielten die Germanen stand. Mit dem Mut der Verzweiflung bekämpften sie das Biest, das fauchend und geifernd ihre Heimat, ihre Wünsche und ihre Träume zerfetzte.

Verborgen im Schutz der Wälder, in denen ihre Götter wohnten, lauerten sie dem Feind auf und schlugen nun wiederum ihre Zähne und Klauen in das Fleisch der Bestie. Rissen sie Stück für Stück auseinander, zerrten ihre kreischenden Glieder ins Unterholz und schmückten sich mit deren abgeschlagenen Köpfen. Jeder römische Legionär wusste, welches Schicksal ihn erwartete, wenn er den Germanen in die Hände fiel. Die Gräuel hatten ihre Wirkung nicht verfehlt. Die Besatzer hatten einen Grenzwall erbaut, der auch hier, nahe dem heutigen Weißenburg verlief, um ihre Gebietsgewinne zu schützen. Römische Trupps durchstreiften die Wälder auf der germanischen Seite, um drohende Angriffe frühzeitig zu erkennen und zu melden.

Auf eben solch einem Erkundungsgang war der junge Legionär mit seinen Kameraden gewesen, als sie auf einen greisen Germanen und dessen Tochter stießen. Schnell und mit erschreckender Gleichgültigkeit zückte der junge Soldat sein Schwert, rammte es dem alten Mann ins Herz und beendete dessen Leben. Mit einem kraftvollen Ruck zog er die Waffe aus dem leblos zusammengesackten Körper und wischte das Blut am Gewand des Toten ab. Dann ging er auf die Tochter des Ermordeten zu, die ihn mit vor Entsetzen geweiteten Augen anstarrte. Während ihr Verstand versuchte, das soeben Geschehene zu begreifen, reagierten ihre Instinkte blitzschnell. Sie wandte sich um und begann zu rennen. Angestachelt vom Johlen und Grölen der anderen Römer nahm der Legionär die Verfolgung auf.

So geriet er immer tiefer in den Wald, der ihn nun, nach Stunden der Jagd seinerseits zum Gehetzten geworden, zu verschlingen drohte. Da, ein Geräusch! Ein Schatten! Das war sie! Er hatte die junge Germanin gefunden. Doch statt vor ihm zu flüchten, rannte sie, mit ihren Händen einen hölzernen Speer umklammernd und allen Schmerz gellend herausschreiend, auf ihn zu. Behände sprang sie über Wurzeln und Steine. Als ihn die Furie erreichte, hob der Legionär unwillkürlich sein Schwert. Der Aufprall trieb der jungen Frau den Stahl scharf schneidend in den Leib. Stille. Ein Keuchen. Dann gurgelte das enthemmt heraufsteigende Blut in ihrer Kehle und sprang dem Römer hustend ins schweißnasse Gesicht.

Als ihre Blicke sich trafen, überkam den jungen Mann ein bisher vollkommen unbekanntes Gefühl. Es war Reue. Sie sprudelte unverhohlen aus der Tiefe seiner selbst und senkte sich als quälendes Bedauern in sein Soldatenherz. Als die Frau in seinen Armen gestorben war, hob er ein Grab aus und legte ihren Leichnam hinein. Danach suchte er den Rückweg zu den seinen. Wieder marterte ihn die Angst vor den Schrecken des Waldes. Als wütender Nordwind die Baumkronen durchbrausend klagten ihn die Götter der getöteten Germanin brüllend an. Ihr Toben geißelte sein Gewissen gleich einer erbarmungslos zuschlagenden Peitsche. Hinzu kam der Durst, der seinen trockenen Rachen aufriss.

Der Erschöpfung nahe hörte er das Erlösung versprechende Murmeln eines Baches. Das verheißungsvolle Geräusch führte ihn an eine Quelle. An deren klarem Wasser labte er sich und folgte dem Lauf des ihr entspringenden Baches, der ihn schließlich aus dem Wald und zurück zum Grenzwall führte.

Später ummauerten die Römer die Quelle. Der Ort wird bis heute Römerbrunnen genannt. Der Geist der jungen Germanin irrt dort noch immer einsam durch die Nacht und sucht die Seele ihres ermordeten Vaters.

NACH ALFRED KRIEGELSTEIN: „DIE WEISSE GESTALT AM RÖMERBRUNNEN“;
SAGEN, LEGENDEN, GESCHICHTEN AUS MITTELFRANKEN S. 231–233

DER RÖMERBRUNNEN

DER RÖMISCHE GRABSTEIN, EINGELASSEN IN DIE MAUER DER FRIEDHOFSKIRCHE

DER TEUFEL UND DER ZAUBERER

DIE FRIEDHOFSKIRCHE IN OSTERDORF NAHE PAPPENHEIM

Den Nachthimmel erobernd, senkt sich alles verschlingende Grabesstille über den Friedhof. Das hektische Rascheln der Nager im Laub, das schabende Gewirr der Insekten im Erdreich verstummt. Ein Käuzchen sitzt wachsamen Auges in dem blattlosen Gerippe eines abgestorbenen Baumes. Sein Schuhuuu klingt als verwaistes Nachtlied über den Gräbern. In den windgeschützten Grablichtern flackern die Seelen der Verstorbenen aufgebracht hin und her.

Es ist Walpurgisnacht, die Nacht der Hexen und Dämonen. Während die Gottlosen auf den Bergen wild tanzen und ihrem unheiligen Herrn huldigen, leuchtet der Grabstein eines Verfluchten lautlos schreiend in der Kirchenwand in Osterndorf. Er gehört einem einst gefürchteten Zauberer, der vor vielen Jahren mit dem Teufel höchstpersönlich einen Pakt geschlossen hatte. Im Tausch für sein magisches Wissen musste der Schwarzkünstler dem Gehörnten seine unsterbliche Seele verpfänden.

Über die Jahre war der Zauberer gealtert. Ganz so, wie es uns Menschen und allen anderen Lebewesen seit Urzeiten zugedacht ist. Sein Haar wurde weiß und strähnig. Seine Haut verlor an Farbe und wurde so dünn, dass sich die Adern wulstig an der Oberfläche abzeichneten. Sein Fleisch zog sich ermattet zurück und legte Fingernägel und Zähne gelbbraun verfärbt frei. Die Gicht kroch ihm unerbittlich in die Glieder und ließ seine Gelenke schmerzhaft anschwellen. Tag für Tag wurde ihm seine Vergänglichkeit gnadenloser vor Augen geführt und die Angst vor dem unausweichlichen Tod und der ewigen Verdammnis bemächtigte sich seiner. So überlegte er tagein, tagaus, wie er dem Höllenfeuer

entrinnen und dem Beelzebub ein Schnippchen schlagen könnte. Als ihm schließlich eine List eingefallen war, beschwor er den Teufel herauf. Im Kaminfeuer zischte es ohrenbetäubend. Der Wind blies so unbarmherzig in die Glut, dass die aufgewirbelten Funken in rot glühenden Wolken durchs Zimmer stoben. Bedrohlich glimmend fraßen sie den Sauerstoff aus der Luft. Pulsierend wuchsen die Wolken an und verdichteten sich. Sie schwammen aufeinander zu und verschmolzen miteinander. Immer größer wurde das so entstehende Gebilde. Es formten sich Arme, Beine, ein Rumpf und schließlich ein von gewaltigen Hörnern gekrönter Schädel. Das glühende Rot senkte sich fließend in die Augenhöhlen und füllte diese aus. Derart Gestalt annehmend blickte der Teufel den Zauberer aus seinen lodernden Augen lauernd an.
„Was ist Dein Begehr?“, fragte Satan den alten Zauberer.
„Ich schlage Dir einen Handel vor. Du sollst für mich eine letzte Aufgabe erfüllen. Wenn sie Dir gelingt, musst du nicht warten, bis ich eines natürlichen Todes sterbe, sondern kannst meine Seele sofort mit in die Hölle nehmen. Doch wenn Du versagst, bin ich frei.“
Der Teufel blickte den Zauberer argwöhnisch an. „Um welche Aufgabe handelt es sich?“, zischte er. Der Zauberer antwortete listig: „Du sollst mir eine Straße pflastern. Und das so schnell, wie ich auf meinem Pferd zu reiten vermag. Ich werde in scharfem Galopp daherkommen und Du wirst die Steine vor den fliegenden Hufen meines Pferdes so geschwind verlegen, dass keiner der Hufe ungepflasterten Boden berührt. Gelingt Dir das, gehört dir meine Seele sofort.“
Der Teufel überlegte einen Moment, warf dann den Kopf schwefellachend in den Nacken und willigte ein. „Morgen soll es geschehen“, rief er und verschwand in einer schwarz rußenden Rauchsäule.
Am nächsten Morgen, die Sonne war kaum aufgegangen, trafen sich die beiden am Ortsrand. Der Zauberer gab seinem Pferd unvermittelt die Sporen und galoppierte los. In Windeseile legte der Teufel einen Pflasterstein nach dem anderen vor die hämmernden Hufe des Pferdes. So schnell war er, dass außer

DIE FRIEDHOFSKIRCHE IN OSTERDORF

einem roten Schweif nichts mehr von ihm zu sehen war. Stein um Stein setzte er in den Boden. Huf um Huf schlug auf dem Pflaster auf. Und das Werk des Teufels schien zu gelingen. Er hatte bereits einen guten Vorsprung vor dem Zauberer, als der Weg hinunter in das rauhe Tal Richtung Treuchtlingen ging. Hier war der Boden weicher und fast schon sumpfig. Die Pflastersteine hielten nicht mehr und sackten ein ums andere Mal zur Seite. Meter für Meter holte der Zauberer rasant auf. Der Teufel fluchte und spie Gift und Galle, als er erkannte, dass er den Wettstreit zu verlieren drohte. Und tatsächlich überholte der Zauberer ihn wenige Augenblicke später und rief: „Ich habe Dich überlistet! Niemals hättest Du diesen Wettstreit gewinnen können. In diesem Boden können die Pflastersteine nicht halten. Und nun hat unser Handel seine Gültigkeit verloren. Niemals wirst Du meine Seele mit in die Hölle nehmen!“

In seiner Wut griff sich der überlistete Teufel den letzten Pflasterstein und schleuderte ihn dem Pferd des Zauberers vor die Hufe. Das Tier erschrak, scheute und warf den überraschten Reiter ab. Bei dem Sturz brach sich der alte Zauberer das Genick und blieb tot am Boden liegen. Blitzschnell sprang der Teufel herbei, packte die sündige Seele des Zauberers, noch ehe sie in den Himmel fahren konnte, und riss sie mit sich in die Hölle.
Die Bewohner von Osterdorf platzierten an dieser Stelle einen Gedenkstein für den erbarmungswürdigen Magier. Als nach vielen Jahren niemand mehr um die Bedeutung des Steins wusste, grub man ihn aus und setzte ihn in die Kirchenmauer von Osterdorf ein. Jedes Jahr, wenn die Hexen in der Walpurgisnacht zusammenkommen, flackert dieser Stein in der Kirchenmauer auf. Das Leuchten verschwindet erst wieder, wenn der erste Hahnenschrei den neuen Tag begrüßt.

NACH ALFRED KRIEGELSTEIN: „DER ZAUBERER VON OSTERDORF“;
SAGEN, LEGENDEN, GESCHICHTEN AUS MITTELFRANKEN S. 253-254

HEUTE EIN ORT DER ERHOLUNG MIT LIEBEVOLL GESTALTETEN FERIEN-WOHNUNGEN – SCHLOSS MÖHREN

DIE JUNGFRAU MIT DEM GOLDENEN SCHLÜSSEL

SCHLOSS MÖHREN

„Niemals!“, flüsterte sie und bohrte sich den messerscharfen Dolch mitten ins Herz.

Glanzvoll und strahlend lag das Schloss zu Möhren im Sonnenschein des Sommers. Ein verzauberter Ort, umgeben vom satten Grün ausschweifender Flora. Ein Zuhause, wo man sein Herz und seine Seele betten konnte. Hausherr war der edle und tapfere Ritter Heinz, der dort mit seiner bildhübschen Tochter Armgard lebte. Sie war wohlgeraten und gesegnet mit der inneren und äußeren Schönheit ihrer Mutter, die viel zu früh verstorben war. Armgard erkannte bereits als kleines Kind, wie sehr ihr Vater um seine geliebte Frau trauerte und welch unsagbaren Schmerz der Verlust einer Liebe verursachen konnte. Um ihr eigenes Herz vor einer so jähen und unauslöschlichen Verletzung zu schützen, schwor sie, sich niemals zu binden und ihrer selbst für immer zu genügen.

So wuchs sie auf als starke und selbstbestimmte Frau. Doch eine schöne Seele bleibt selten unentdeckt und so konnte sich auch Armgard bald kaum noch vor Verehrern retten, die sogar aus fernen Landen anreisten, um sie zu freien. Dies stürzte die Freiheit liebende Frau in ein tiefes Dilemma. Um ihre Verehrer nicht ein ums andere Mal durch eine harsche Absage enttäuschen zu müssen, ersann sie einen klugen Plan. Sie ließ einen Schlüssel aus reinstem Gold anfertigen. Diesen verbarg sie in ihrem Schlafgemach. Nur sie selbst und ihre Kammerzofe kannten das Versteck. Folgenden Entschluss tat sie kund: Denjenigen Bewerber, dem es

BLICK IN DIE BIBLIOTHEK

DAS ZIMMER UNTER DEM DACH

gelang, ihr den goldenen Schlüssel zu bringen, wollte sie heiraten. Viele versuchten ihr Glück, doch keinem war es beschert, den Schlüssel zu finden.

So zogen die Jahre ins Land. Als Armgards Vater verstarb, übernahm sie all seine Geschäfte und die Verantwortung für das Schloss und verwaltete es sorgsam. Ihre Tage waren glücklich und zufrieden. Es trug sich nun jedoch zu, dass der Ritter Kunz von Absberg davon Kunde bekam, dass die bezaubernde Armgard noch immer unvermählt war. Kunz war ein überaus unangenehmer Geselle. Er war es gewohnt, zu bekommen, was er begehrte, und behandelte andere Menschen auf schändliche und verachtende Weise. Auch die angeblich unlösbare Aufgabe mit dem goldenen Schlüssel wurde ihm zugetragen. Doch Kunz war durchtrieben und gewieft und wusste wohl sein Ziel mit unlauteren Mitteln zu erreichen. Mit Schmeicheleien und Versprechungen gewann er das Vertrauen der Kammerzofe Armgards, schenkte ihr ein Säckchen wertvoller Münzen und überredete sie, ihrer Herrin am Abend einen betäubenden Schlaftrunk zu verabreichen, der diese im Reich der Träume festhalten sollte.

So geschah es. Kunz verschaffte sich Zutritt zur Schlafkammer Armgards und konnte in aller Ruhe nach dem begehrten Schlüssel suchen, während die nichts ahnende Schöne in tiefen Träumen schwelgte. Schließlich fand er den Schlüssel und machte sich damit unentdeckt durch die Nacht davon. Kaum war Armgard am nächsten Morgen aus einem totenähnlichen Schlaf erwacht, kündigte ein Diener die Ankunft des Ritters Kunz von Absberg an, der bereits hoch zu Ross Einlass in die Burg begehrte. Siegesgewiss und hochmütig, mit einem hämischen Grinsen im vernarbten Gesicht, behauptete er, im Besitz des goldenen Schlüssels zu sein. Armgard war amüsiert, war sie doch davon überzeugt, dass kein Mannsbild jemals diese Aufgabe würde lösen können. Als Kunz ihr jedoch eben jenen Schlüssel direkt vor die Nase hielt, ward sie fassungslos und alle Farbe wich aus ihrem erschrockenen Gesicht. Niemals wollte sie sich einem solchen Widerling hingeben und ihr selbstbestimmtes Leben gegen eine Welt voller Erniedrigung und Gram eintauschen. Und so fasste sie blitzschnell einen folgenschweren Entschluss. Sie zog einen Dolch unter ihrem Gewand hervor, den sie zu ihrem Schutz immer bei sich trug, setzte ihn sich an die Brust, stach entschlossen zu und erdolchte sich so vor aller Augen.

Als Kunz die anmutige Jungfer in einem See roten Blutes liegen sah, schnaubte er vor Wut. Sein hinterhältiger Plan war nicht aufgegangen. Armgard hatte sich erdreistet, sich ihm zu entziehen. Bis auf die Knochen gedemütigt verfluchte er alles Weibsvolk der Erde, wendete sein Pferd und ritt zurück auf seine Burg. Doch dort sollte er sich niemals mehr sicher fühlen. Keine Nacht gewährte ihm seitdem die ersehnte Ruhe. Grauenhafte Albträume plagten ihn. Von innerer Unruhe gepackt erwachte er jede Nacht schweißgebadet. Eine unerbittliche Macht marterte seinen Verstand und suchte ihn Nacht um Nacht heim. An einem wolkendunklen Morgen weckte ihn schließlich sein Diener. Dieser war völlig aufgelöst und zitterte wie Espenlaub. Er berichtete, dass sich ihm nachts bei seinem Rundgang in der Burg eine von wallendem Dunst umgebene Gestalt gezeigt hatte. Blut troff von der Klinge eines Dolchs in ihrer Hand. In der anderen baumelte eine goldene Kette mit einem goldenen Schlüssel daran.

Augenblicklich hatte der schockierte Diener in der Gestalt den Geist der verstorbenen Armgard erkannt. Ohne die geringste Mundbewegung sprach sie zu ihm: „Sage deinem Herrn, ich wünsche ein Abendmahl mit ihm. Er soll mich heute Nacht erwarten, genau dann, wenn der Hahn das erste Mal nach Mitternacht kräht." Hernach verschwand sie ebenso geheimnisvoll, wie sie erschienen war. Diese Nachricht traf den Ritter Kunz bis tief in seine zitternden Eingeweide und ließ ihn vor Angst in sich zusammensinken.

Aus hoffnungsloser Verzweiflung und der Vermutung, Armgard werde ihn nach dem Abendmahl mit sich in die Geisterwelt ziehen, schickte er nach seinem Priester Hugebert, einem frommen Mann, der die Gabe hatte, Geister und Untote zurück in die Unterwelt

ANGENEHME NACHTRUHE – DOCH IN DIESEM RAUM NUR FÜR DIE SCHLOSSHERREN SELBST

zu bannen. Dieser reiste von seinem Kloster aus dem nicht weit entfernten Heideck an. Kaum hatte er spät in der Nacht seinen Fuß auf die Stufen der Burg gesetzt, um den Ritter zu begrüßen, so entfuhr dem Hahn der Mitternachtsschrei. Der Ritter und sein Priester erschauderten ob dem, was das Schicksal nun für sie bereithalten sollte. Urplötzlich erblickten sie eine von sechs rabenschwarzen Rappen gezogene, gespenstische Kutsche, die sich dem Burgtor langsam näherte. Die Räder standen noch nicht ganz still, da öffnete sich die Tür der Droschke, und ohne auch nur das kleinste Geräusch von sich zu geben, entschwebte ihr eine in geheimnisvoll schimmernde Gewänder gekleidete Dame. Sie ging langsamen Schrittes auf die beiden überraschten Männer zu. Sogleich erkannte der Priester die Jungfer Armgard und hielt – beschwörerische Formeln flüsternd – ein heiliges Kreuz, das er immer um seinen Hals trug, schützend vor sich und den Ritter. Die geisterhafte Gestalt wich zaudernd vor dem Kruzifix zurück. Stück für Stück löste sich Armgard von den Füßen bis zum Kopf auf und entschwebte als feiner Dunst in den Nachthimmel. Dabei drang ein leises Stöhnen und Schluchzen aus ihrem lieblichen Mund und alsbald blieb nichts weiter von ihr übrig als ein goldener Schlüssel und ebenjener Dolch, auf dessen Klinge man in blutigen Buchstaben noch den Namen Armgard lesen konnte.

Dem Ritter Kunz raubte dies den Verstand und bis zu seinem Lebensende ward er im Geiste verwirrt. Der Priester nahm sich seiner an und pflegte ihn hinter den Mauern seines Klosters. In welche unbekannte Welt die schöne Armgard entschwunden ist, wurde niemals ergründet. Doch heißt es, dass man auch heute noch auf Schloss Möhren in so mancher Nacht ein leises Schluchzen und das Klingen eines goldenen Schlüssels vernehmen kann. Manch einer konnte sich während seines Urlaubs in dem schönen Anwesen bereits davon überzeugen.

NACH HANS SCHLUND „DIE SCHLÜSSELJUNGFRAU"; FRÄNKISCHE ALTMÜHL SAGEN UND LEGENDEN O. S.

DIE TURMKAMMER

DIE WEISSEN FRAUEN

DIE ST.-ULRICHS-KAPELLE AUF DEM UHLBERG BEI TREUCHTLINGEN

Einsam und geschunden verfallen ihre Mauern im dichten Wald auf dem höchsten Gipfel des Hahnenkamms. Vom Zahn der Zeit langsam zermahlen, fristet die Ruine der Uhlbergkapelle hier oben, vor den Augen der Welt verborgen, ihr trauriges Dasein. Einst Teil eines Klosters der Benediktinerinnen, erstanden aus tiefster Frömmigkeit, fiel sie im Deutschen Bauernkrieg dem Wüten der einstigen Geknechteten zum Opfer und wurde ein Raub der Flammen. Rot knisternd labten sich die glühend heißen Blüten der roten Blume an dem funkensprühenden Klostergebälk. Inmitten dieses Infernos hoben die verzweifelten Nonnen zwischen den glutleuchtenden Mauern eine Grube aus. Von außen drang das wütende Toben der zornigen Meute herein. Ihr dumpfes Schlagen gegen das Klostertor durchfuhr den Uhlberg und ließ die angsterfüllten Herzen der Ordensschwestern vor Kummer und Entsetzen zerreißen. Alles, was sie sich hier oben aufgebaut hatten, sollte nun Stein für Stein der Vernichtung anheimfallen.

Umschlossen von gierig loderndem Feuer und barbarischer Raserei gruben die Nonnen immer tiefer ins Erdreich. Schon hörten sie die Bohlen des Tors unter den erbarmungslosen Stößen des Rammbocks bersten. Ächzend und stöhnend zerrissen die Holzfasern und gaben ihren Widerstand unsichtbar klagend auf. Mit vom Graben und Wühlen aufgerissenen Händen warfen die Nonnen ein ums andere Schmuckstück in das Loch. Goldene Kreuze und edelsteinbesetzte Kelche, silbernes Zierwerk und zart leuchtende Stoffe verschwanden im erdigen Braun.

Eilends verschlossen die Nonnen die Grube und setzten einen Fichtensamen in den festgestampften Grund. Der aus dem Keim erwachsende Baum sollte auch noch in vielen Jahren das Versteck des Klosterschatzes markieren. Als sich der wütende Mob ungezügelt und allen Heiligen spottend in den Klosterhof ergoss und polternd und rumorend Raum um Raum und Ecke um Ecke nach Schätzen durchwühlte, schlichen sich die Nonnen heimlich aus dem sengenden Inferno. Sie verschwanden, das frevlerisch flirrende Rot der Flammen heiß auf der Haut spürend, in den schwarz umfangenden Schutz der Nacht. Bis heute wandeln ihre Geister in vollmondhellen Nächten, wenn andernorts die Mächte der Finsternis erwachen, schweigend zwischen den verfallenen Mauern umher und wachen über den Ort. Sie warten seit Jahrhunderten auf ein unschuldiges Sonntagskind, dem sie ihren Klosterschatz anvertrauen können.

NACH HANS SCHLUND: „DIE UHLBERGSAGE"; FRÄNKISCHE ALTMÜHL – SAGEN UND LEGENDEN O. S.

IN DER KAPELLENRUINE

ERLÖSENDE SONNENSTRAHLEN IM INNEREN DER KAPELLENRUINE

DER GANG ZU DEN KERKERZELLEN

DIE STIMME

DAS RATHAUS VON ROTHENBURG OB DER TAUBER

„Wer bist Du?" – „Ich bin Du." Beruhigend sanft klang die Stimme in seinem Kopf. Viel sanfter als die holzharte Pritsche, die sein unbequemes Schlaflager darstellte. Mit muffig stinkendem Stroh bedeckt war sie seit Wochen seine Ruhestatt inmitten der feuchtkalten und Fäulnis verströmenden Kerkermauern. Doch die Stimme schien nicht nur in seinem Kopf zu ihm zu sprechen. Sie huschte als vielgestaltiger Schatten über die klammen Wände, strömte an der Decke wieder zusammen und senkte sich erneut in seinen mit tausend Fragen angefüllten Kopf.

„Wer hat mir das angetan?" – „Du Dir selbst", sprach die Stimme. „Ich habe mich sicher nicht selbst in diesem elenden Kerker eingesperrt!", rief er dem eigenartig gefassten Wesen in seinem Kopf entgegen. „Das wohl gerade nicht. Doch bist Du selbst der Architekt des Unglücks, das über Dich hereingebrochen ist." „Wie kann das sein? Hab ich nicht stets nur zum Wohl der Stadt Rothenburg gehandelt? Habe ich nicht ihren Reichtum und ihre Macht gemehrt? Sie gegen Fürsten und Könige stark gemacht?" Seine Worte überschlugen sich. Die Stimme erwiderte: „Gemehrt hast Du vor allem Deinen eigenen Reichtum. Stark und mächtig bist vor allem Du selbst geworden. War Rothenburg mit all den Menschen, deren Leben Du bei Deinen Ränkespielen leichtfertig aufs Spiel gesetzt hast, für Dich nicht stets nur willkommenes Mittel zum Zweck?"

Empört schrie Heinrich Toppler gegen die klagenden Worte in seinem Inneren an: „Niemals! Wer bist Du, dass Du es wagst, mir Derartiges zu unterstellen?" – „Ich bin Du", antwortete die Stimme ebenso sanft wie beim ersten Mal. „Woher willst Du wissen, was mich antreibt? Seit mehr als 30 Jahren bin ich der Bürgermeister und Beschützer dieser Stadt. Und da willst Du mir erzählen, ich hätte nicht stets in ihrem Sinne gehandelt?" „Aber Heinrich, Du

IN DIESEM VERLIES ENDETE DAS LEBEN HEINRICH TOPPLERS

musst doch nicht mich überzeugen. Ich bin nur eine Stimme in Deinem Kopf. Du musst Dich selbst überzeugen. Oder bereuen."
Bereuen? Was sollte er bereuen? Und wer sprach da zu ihm? Oder war die Stimme nur ein Hirngespinst? Hervorgerufen durch den unstillbaren Hunger und den Durst, der seinen Körper peinigte? Wie lange war es her, dass sich die Bodenklappe der Tür geöffnet hatte und ihm der Kerkermeister einen Kanten Brot und einen Krug Wasser hereingeschoben hatte? Tage, Wochen?
Die Stimme fuhr fort: „Warst Du es nicht, Heinrich Toppler, der rechtlos Recht gesprochen hat? Hast Du nicht seinerzeit in Deinen eigenen vier Wänden über den Stadtschreiber Gericht gehalten und ihn zum Tode verurteilt?"
Woher wusste die Stimme das? Der Prozess, den er dem Stadtschreiber in seinem Haus Zum Güldenen Greifen gemacht hatte, war nie öffentlich gemacht worden. Nun wurde die Stimme in seinem Kopf spitzer: „Warst Du es nicht, Heinrich Toppler, der mal mit den Nürnbergern, dann wieder mit den Würzburgern paktiert hat? Beide mächtigen Städte benutzend, gegeneinander ausspielend und letztlich gegen das unglückliche Rothenburg aufbringend?"
Ihm wurde heiß und kalt. Erinnerungsfetzen wirbelten durch sein Gehirn. Hier die entwürdigenden Gespräche mit dem Nürnberger Burggrafen, dort die widerwärtig schmeichelhaften Briefe an den Würzburger Bischof. Wie war es ihm zuwider, sich mit diesen, durch Erbrecht und adelige Herkunft an ihre Posten gelangten Nichtsnutzen abzugeben! Er, der sich Rang und Stellung mühsam hatte erarbeiten müssen. Mit riskanten politischen Manövern und gewagten Geldgeschäften, das Wohl und die Zukunft seiner eigenen Familie aufs Spiel setzend, hatte er sich unermüdlich an die Spitze der Stadt gekämpft. Und nun hatten sie ihn in den Kerker geworfen, diese undankbaren Kreaturen, die sich Ratsherren von Rothenburg nannten. Gegen ihn verschworen hatten sie sich, zusammen mit den Nürnbergern, den Würzburgern und sogar mit dem Thronräuber Rupprecht. Den rechtmäßigen

GRAUSIG – DER FOLTERAUFZUG

König Wenzel hatte dieser Emporkömmling abgesetzt. Und nun galt er, Heinrich Toppler, als Verräter, weil er sich, als alle anderen Rothenburg vernichten wollten, hilfesuchend an den ehemaligen Herrscher gewandt hatte? War er es nicht, der den Ausbau der Stadtbefestigung vorangetrieben hatte? Der die Eroberung durch die Nürnberger und Würzburger abgewendet hatte? Hatten nicht dank ihm die anschließenden Friedensverhandlungen für Rothenburg erfolgreich geendet?

Die Stimme unterbrach sein Gedankenkarussell. „Doch, Heinrich Toppler, dank Dir hat Rothenburg nun Frieden. Und Du warst der Preis, den die Ratsherren nur allzu gerne dafür gezahlt haben. Allzu mächtig bist Du ihnen geworden. Gleich einem König, nur seinem eigenen Willen gehorchend, hast Du die Stadt regiert. Hast sie in Deinem Spiel um Macht wieder und wieder als verlockenden Einsatz riskiert. Und mit den Mauern, den Häusern und Plätzen die Leben Tausender unschuldiger Menschen aufs Spiel gesetzt. Du hast um sie gewürfelt, ganz wie es Deinem Namen, dem Toppler – dem Würfler, entspricht. Und nun hast Du verloren. Um den Frieden zu erhalten, haben Dich die Ratsherren verhaften und in den Kerker unter dem Rathaus werfen lassen. Seit Tagen bekommst Du weder zu essen noch zu trinken. Dieser Kerker ist Dein Grab."

Heinrich Toppler sackte in sich zusammen. „Und Du bist gekommen, um mich bereuen zu lassen? Bist Du mein Gewissen?" Die Stimme in seinem Kopf lachte schallend auf. „Dein Gewissen? Nein, das sicher nicht. Ich bin die alles verzehrende Kraft, die Dich antreibt. Ich war stets bei Dir und habe Dir Deine Entscheidungen eingeflüstert. Ich war es, der Dir im Schlaf zuraunte, dass es Dein höchstes Ziel sei, Dir immer mehr Reichtum und Macht anzueignen. Ich war es, der Dich dazu trieb, das Wohl Deiner Liebsten aufs Spiel zu setzen. Und am Ende hast Du alles erreicht und schließlich alles verloren. Ganz so, wie ich es für Dich vorgesehen hatte. Denn nun gehörst Du mir."

Spürbar, gleich erbarmungslosen Schlägen und Tritten drangen nun die Erinnerungen an seine Taten gnadenlos auf Heinrich Toppler ein. Das Böse und Widerwärtige, das all seinem Handeln innewohnte, geißelte sein Fleisch und seinen Geist gleichermaßen. Sein von Hunger und Durst gezeichneter Körper bäumte sich ein letztes Mal auf. Dann verging er. „Wie konnte es so enden?", fragte er sich. Und die Stimme erwiderte: „Enden? Aber Heinrich, wir fangen doch gerade erst an!"

NACH ALEXANDER SCHÖPPNER: „HEINRICH TOPPLER", BAYRISCHE SAGEN – ZWEITER BAND S. 319–320

IM LICHTHOF DES ROTHENBURGER RATHAUSES ÜBER DEN KELLERGEWÖLBEN

NÜRNBERG UND NÜRNBERGER LAND

Verwinkelte Gassen, holperndes Kopfsteinpflaster und dunkle Schatten werfende Fachwerkhäuser prägen Nürnbergs sagenumwobene Altstadt. Spür- und riechbar umweht der Hauch der Geschichte die jahrhundertealten Mauern. Der Handel hat Nürnberg reich und mächtig werden und seinen in gewaltige Mauern gefassten Körper anschwellen lassen. Inmitten des zuckenden Gewimmels aus menschlichen Leibern streben prachtvolle Kirchen wie St. Sebald und die Lorenzkirche dem Himmel entgegen. Bleiche Gebeine von Heiligen werden in den Gotteshäusern aufbewahrt. Verehrt werden sie, als könnten die Sünder nur durch die Nähe dieser verfallenden Knochen Glückseligkeit empfangen. Im Glauben an die schnelle und käufliche Vergebung begehen die Menschen Untaten, um die geifernde Gier, die ihnen innewohnt, zu befriedigen. So verwundert es nicht, dass sich der Adel von diesem unersättlichen Moloch abzugrenzen versucht. Hoch oben auf einem gewaltigen Sandsteinfelsen thront der Edlen Burg, weithin sichtbar und das trutzige Wahrzeichen der Stadt. Weit ins Umland, das ebenfalls den Namen der starken Stadt trägt, reicht der Arm der Reichen und Mächtigen. Dem Lauf der Pegnitz folgend, breitet sich ihr Einflussbereich zu beiden Seiten des Flusses aus. Auch hier trägt der Aberglaube der mittelalterlichen Menschen üppige Früchte. Und so lässt sich sowohl in Nürnberg selbst als auch im Nürnberger Land aus einem reichen Sagenfundus schöpfen.

DER NACHTGIGER

Als gäbe es der Gefahren in Nürnbergs Gassen noch nicht genug, sucht auch noch ein albtraumhaftes Phantom die Menschen heim. Wenn das Schwarz der Nacht die letzten Sonnenstrahlen vom Angesicht der Erde tilgt und sich das Blutrot der Abenddämmerung der Dunkelheit ergibt, beginnt seine Zeit. Wenn die Menschen verzagt ihre Türen und Fensterläden schließen, setzt er sich in Bewegung. Mal stakst er auf grotesken, mit Vogelklauen bewehrten Beinen über das Kopfsteinpflaster. Mal hört man das Schlagen seiner ledernen Schwingen über den Dächern kreisen. „Der Nachtgiger wird dich holen, wenn du bei Anbruch der Dunkelheit nicht brav zu Hause bleibst“, drohen Eltern ihren Kindern. Doch fürchten sie sich selbst noch viel mehr vor dieser Schreckgestalt, als ein argloses Kind es könnte. Dessen unschuldiger Verstand vermag sich das Grauen, das der Nachtgiger mit sich bringt, nicht vorzustellen. Schon die Worte allein schneiden wie Messer in die furchtsamen Seelen der Erwachsenen, brennen wie Feuer in ihrem Geist. Ein Schrecken, der nicht erfasst werden kann. Ein Wesen, bestehend aus den Körperteilen verschiedenster Kreaturen. Weder Mensch noch Tier, streunt es in der Finsternis umher auf der Suche nach Beute. Wehe dem, der sich noch in den Spelunken herumtreibt, wenn die Stadttore verschlossen wurden. Wenn du dem Nachtgiger begegnest, ist es um dich geschehen. Mit seinem Schnabel hackt er dir fleischige Brocken aus dem rot funkelnden Leib und verschlingt dich genüsslich Stück für Stück. Deine Knochen werden in seinen Eingeweiden zu feinem Staub zermahlen, sodass nichts von dir bleibt als ein letzter, entsetzlicher Schrei.

ALTSTADTANSICHT NÜRNBERGS

DAS HENKERHAUS UND DER HENKERSTEG IN NÜRNBERG

Auch wenn es heute romantisch anmutet und geradezu malerisch das Ufer der Pegnitz schmückt, war das Henkerhaus in den vergangenen Jahrhunderten sicher kein angenehmer Ort zum Wohnen. Feuchtigkeit und Kälte krochen durch Löcher und Ritzen unaufhaltsam in die Räume und den Bewohnern in die Glieder. Statt wohligem Schauer herrschte hier im Winter bittere Eiseskälte. Überall entlang des Flusses klapperten und schepperten Tag für Tag die Mühlräder und verursachten einen Heidenlärm. Zudem kippten die Nürnberger ihren Müll, ihre Schlachtabfälle und weiteren Unrat in den Fluss, wodurch die Pegnitz besonders an warmen Sommertagen zu einer beißend stinkenden Kloake wurde.

In diesem wenig anheimelnden Umfeld am Rande der Gesellschaft bewohnten die Henker mit ihren Familien die sich über die Pegnitz spannenden Räumlichkeiten. Von ihren Mitbürgern als „unehrlich" bezeichnet, waren Henker und ihre Nachkommen dazu verdammt, ihren kargen Lebensunterhalt mit ehrlosen Arbeiten zu verdienen. Dies schien auch das Schicksal eines der wohl berühmtesten Henker aller Zeiten zu sein.

Franz Schmidt – genannt Meister Franz – verrichtete fast 40 Jahre lang sein grausiges Amt in Nürnberg. Sein Vater Heinrich, ursprünglich Forstmann und Vogelfänger aus Hof, war während des Zweiten Markgrafenkrieges zur falschen Zeit am falschen Ort gewesen. In Ermangelung eines Henkers wurde er von Markgraf Albrecht II. Alcibiades kurzerhand mit der Hinrichtung dreier vermeintlicher Attentäter beauftragt. Altes Recht erlaubte es dem Herrscher, willkürlich Henker zu bestimmen. Nach dieser Tat war es Heinrich unmöglich, in seinen alten Beruf zurückzukehren und er wurde als „Unehrlicher" zum Henker in Bamberg.

Nach seinem Tod übernahm sein Sohn Franz das Amt, bevor er im Jahr 1578 nach Nürnberg übersiedelte. Dort führte er, bis er im Jahr 1617 in den Ruhestand ging, ganze 361 Exekutionen durch. Hängen, rädern, vierteilen, lebendig begraben werden, verbrennen, ertränken und enthaupten waren die Todesstrafen der damaligen Zeit. Anders als viele seiner Nachfolger, die, verfolgt von ihren Taten, häufig zu unstetem Lebenswandel neigten, war Meister Franz im Privatleben ein moralischer und treusorgender Ehemann und Vater. Zudem pflegte er als frommer Christ ein gutes Verhältnis zur Kirche, die sonst den Kontakt mit Henkern mied und ihnen sogar die Teilnahme am Gottesdienst sowie ein kirchliches Begräbnis verwehrte. So erwarb er im Jahr 1593 das Bürgerrecht, was nur wenigen seiner Zunft gelang. Er führte sogar ein Tagebuch, das bis heute erhalten ist. Akribisch und auffallend emotionsarm, ganz dem damaligen Verständnis von Schuld und Sühne entsprechend, schildert er darin grauenerregende Hinrichtungen und drakonische Leibstrafen für geringfügige Vergehen. Zumeist handelte es sich dabei um brutale Verstümmelungen wie Brandmarkung, Abschneiden der Hand und Ausstechen der Augen.

Doch Meister Franz, zu dessen Aufgaben als Henker auch das Säubern der Kloaken, die Aufsicht über die Prostituierten und die Vertreibung von Aussätzigen gehörten, war beileibe kein Unmensch. Tatsächlich nutzte er sein Recht als Henker, die Leichen von Enthaupteten – Gehängte und Geräderte ließ man zur Abschreckung hängen, bis sie abfielen – zu sezieren, um sich wertvolle anatomische Kenntnisse anzueignen und seinen Mitmenschen als Wundarzt zu helfen. Laut eigenen Angaben hat er

AUF DEM HENKERSTEG ÜBER DIE PEGNITZ

HENKERHAUS UND HENKERTURM

insgesamt 15 000 Menschen medizinisch betreut und deren Leiden gelindert. Dank dieses Dienstes an der Gesellschaft entsprach Kaiser Ferdinand II. im Jahr 1624 seinem Antrag auf Wiederherstellung der „Ehrlichkeit" für ihn selbst und seine Familie. Franz Schmidt starb im Jahr 1634 im damals biblischen Alter von 80 Jahren und wurde auf dem Nürnberger Rochusfriedhof beerdigt, wo seine Grabstelle bis heute erhalten geblieben ist.

NACH MAGDALENA PRECHSL: NÜRNBERGER KRIMINALGESCHICHTE – HENKERHAUS, LOCHGEFÄNGNIS UND SCHULDTURM, S. 52–63

DER SCHUSSERBUB

LORENZKIRCHE NÜRNBERG

Das Murmelspiel ist schon viele Tausend Jahre alt. So viele Jahre, wie es schon gespielt wird, so mannigfaltig sind die verschiedenen Regelwerke dazu. Spaß daran hatten Kinder zu allen Zeiten, so auch im alten Nürnberg. Besonders gerne schusserten sie, wie man das Murmelspielen in Franken nennt, auf dem Kopfsteinpflaster vor der erhaben in den Himmel ragenden Lorenzkirche. Sommers wie Winters sprangen die bunten Kugeln über den Platz. Doch bei all der Freude, die die Kinder dabei empfanden, galt es auch immer das Ziel des Spiels im Auge zu behalten. Und das bestand darin, seinen Mitspielern möglichst viele der kostbaren Schusser abzuluchsen. Die meisten Kinder hielten sich dabei ehrlich an die Regeln. Doch manch einer betrog, um sein Ziel zu erreichen. Einer der Burschen, der besonders darauf erpicht war, zu gewinnen, trickste besonders schändlich. Noch dazu waren seine Täuschungen so plump, dass die anderen Kinder sie jedes Mal erkannten. Eines Tages, auf dem Platz vor der Lorenzkirche war das Schussern wieder einmal in vollem Gang, wurde es den Mitspielern des kleinen Betrügers zu bunt. Ohne auch nur einen Hauch von Anstand hatte er einfach einige der Murmeln vor aller Augen in seine Rocktasche wandern lassen. Empört über so viel Unverfrorenheit beendeten die anderen Kinder das Spiel, steckten ihre Murmeln ein, stellten sich geschlossen vor dem Missetäter auf und erhoben ihre Anklage. „Du bist ein elender Betrüger! Rück sofort die Murmeln heraus, die du dir gerade einfach so genommen hast!“, riefen sie einstimmig.

Auf dem Platz wurde es mit einem Mal still. Alle Augen waren auf die Gruppe von Kindern gerichtet, zwischen denen sich eine unheilvolle Konfrontation anbahnte. Wie würde der Beschuldigte reagieren? Würde er im Angesicht des Vorwurfs erstarren? Würde er um Verzeihung bitten? Nichts davon geschah. Stattdessen

DER TEUFEL UND DER SCHUSSERBUB AN DEM BRUNNEN LINKS DES PORTALS DER LORENZKIRCHE

stemmte der betrügerische Schusserbub trotzig die Hände in die Seiten, baute sich breitbeinig auf und warf seinen Anklägern frech entgegen: „Ich soll betrogen haben? Der Teufel soll mich holen, wenn ihr Recht habt!“ Er hatte die frevlerischen Worte noch nicht ganz ausgesprochen, da verfinsterte sich der Himmel. Düstere Wolken türmten sich bedrohlich auf, formten sich zu gewaltigen Körpern und verschlangen mit weit aufgerissenem Maul das Tageslicht. Ein furchterregender Wind hob an und heulte, als wären alle Furien der Hölle losgelassen worden. Die Menschen auf dem Kirchplatz stoben von Panik ergriffen auseinander und suchten ihr Heil in der Flucht. Sie verbargen sich unter Vordächern und in Hauseingängen. Nur einer blieb in der Mitte des Platzes stehen, als wäre er festgewachsen. Es war der Schusserbub. Eine unsichtbare Macht hatte ihn an den Beinen gepackt und zwang ihn, inmitten des Terrors, der über und um ihn herumtobte, stehen zu bleiben. Entsetzt von der eigenen Unfähigkeit, wie die anderen davonzurennen, schrie er seine Angst heraus. Das Gebrüll des Sturms, den der Knabe mit seinem sündigen Gerede entfacht hatte, verschluckte seine verzweifelten Hilferufe. Ein grell leuchtender Blitz zerriss die Dunkelheit gleich einer wild zuckenden Peitsche, schlug in den Boden vor dem unglückseligen Jungen ein und sprengte ein Loch in das Kopfsteinpflaster. Nur einen Wimpernschlag später nahmen die schockierten Zuschauer rings um den Kirchplatz ein tiefrotes Leuchten aus dem soeben entstandenen Krater wahr.

Der Sturm verstummte. Doch nur, um einem neuen, grauenvollen Geräusch Raum zu geben. Pochend und trommelnd trieb das rote Leuchten aus den Eingeweiden der Erde der Oberfläche entgegen. Wie das Schlagen einer dräuenden Glocke schwoll das Pochen an. Und mit ihm ein höhnisches Lachen, dazu angetan, das Blut in den Adern gefrieren zu lassen. Dann stand er plötzlich da, gehörnt und pferdefüßig. Der Leibhaftige selbst war der Hölle entstiegen, um dem unbedachten Wunsch des Schusserbubs zu entsprechen.

Entzückt blickte der Höllenfürst aus schwefelgelben Augen auf den zerbrechlichen Körper des Knaben herab. Unter seinem Mantel glitten rötliche Arme hervor, die in langen Klauen endeten. Sie umfassten den Kopf des Jungen. Außerstande, noch einen Laut von sich zu geben, starrte das Kind den Teufel mit schreckgeweiteten Augen an. Während alles Sein des Schusserbubs in Todesangst verging, drehte der Teufel ihm das Gesicht fast schon zärtlich und dabei doch kraftvoll bestimmt in den Nacken. Zutiefst befriedigt fuhr der Leibhaftige mit dem leblosen Körper des Jungen im Arm zurück in sein dunkles Reich.

Noch heute erinnert ein Bildnis am Brunnen links des Portals der Lorenzkirche als ein Mahnmal daran, wie sich der Satan den kleinen Sünder holte.

NACH FRANZ BAUER: „DER SCHUSSERBUB“; ALT-NÜRNBERGER SAGEN, LEGENDEN UND GESCHICHTEN, S. 106–108

AUF DEM ÖLBERG UNTERHALB DER NÜRNBERGER BURG

DER NUSSKASPAR

DER ÖLBERG UNTERHALB DER NÜRNBERGER BURG

„Leiden sollt ihr, wie ich leide! Der Schmerz, der meine unsterbliche Seele peinigt, soll eure Seelen peinigen! Ihr sollt die nagende Verzweiflung spüren, die sich an mir fett frisst, Jahr für Jahr. Und ihr sollt verflucht sein, so wie ich verflucht bin! Ich bin der Nusskaspar und ihr werdet mir begegnen."
Klatschend spendeten die Zuhörer dem Fremden Applaus. Seine verstellte Stimme und seine im Schankraum düster umherwandernden Blicke hatten ihnen allen einen wohligen Schauer über den Rücken gejagt. Anerkennend klopfte ihm der Wirt auf die Schulter und gab ihm ein süffiges, fränkisches Bier aus. „Nun aber sagt", sprach der Hausherr, „das ist doch alles gewiss nur Mummenschanz, oder?" „Mitnichten", erwiderte der Fremde. „Sagt nur, Ihr kennt die Geschichte vom unglückseligen Nusskaspar nicht?" Der Wirt, der nicht aus Nürnberg stammte, verneinte. Und so erzählte der Fremde, im Gegenzug für das Einschenken eines weiteren Bieres, die traurige Mär des Nusskaspars.
Das tat er so anschaulich und lebendig, dass bald die ganze Schankgesellschaft still und eifrig lauschend an seinen Lippen hing. Seine Worte formten die grün blühende Landschaft des vor den Stadttoren liegenden Knoblauchlandes gerade so, als würde man sie in ebenjenem Moment mit eigenen Augen erblicken. Er beschrieb das Elend des hungerleidenden Bauern Kaspar so eingängig, dass es den Zuhörern die Tränen in die Augen trieb. Von den Missernten und dem Elend, das ihn dazu zwang, in der Stadt um Arbeit und Almosen zu betteln. Und von der Silvesternacht, in der sich für Kaspar alles ändern sollte.

Auf dem Heimweg hatte er in der Abenddämmerung auf dem Ölberg unterhalb der Burg Halt gemacht, sich auf die Felsen gesetzt und war vor Erschöpfung eingeschlafen. Das Läuten der Mitternachtsglocke ließ ihn hochfahren. Verschlafen rieb sich Kaspar die Augen, als ihm eine große, in einen schwarzen Mantel gehüllte Gestalt die Hand anbot. Dankbar ergriff er sie, wurde von dem Unbekannten kraftvoll emporgezogen und auf die Füße gestellt. Die Hand war eiskalt, noch viel kälter als der eisige Fels, auf dem er Momente vorher noch gelegen hatte. Und sie hielt die seine immer noch fest umklammert. Die Kapuze des Mantels so tief ins Gesicht gezogen, dass Kaspar nur die schmalen Lippen seines finsteren Gegenübers erkennen konnte, hob die Gestalt an, zu sprechen. Ihre Stimme war dunkler als die tiefste Nacht. Kaspar konnte sie mehr spüren als hören. Sie dröhnte und vibrierte in seinem Körper: „Ich kenne deine Sorgen, Kaspar." Waren das spitze Fangzähne, die bei jedem gesprochenen Wort zwischen den schmalen Lippen hervorblitzten? „Und ich kann dich leicht zu einem reichen Mann machen. Doch Du musst schweigen können über das, was in dieser Nacht passiert", fuhr die Gestalt fort.

Ein reicher Mann sollte er werden? Allen Argwohn vergessend, willigte Kaspar ein und tat, wie ihm die schwarze Gestalt im Anschluss an sein Versprechen geheißen hatte. Er eilte nach Hause, pflückte in seinem Garten die letzten Walnüsse, die schon verfaulend an den Ästen seiner vom Frost gebeutelten Bäume hingen, legte sie in einen Korb, stellte diesen auf den Küchentisch und ging zu Bett. Am nächsten Morgen waren die Walnüsse zu Gold geworden. Außer sich vor Freude brachte Kaspar die goldenen Nüsse zum Goldschmied nach Nürnberg und ließ sich auszahlen. Nun war der Nusskaspar, wie er sich von diesem Tag an selbst nannte, ein gemachter Mann. Er und seine Frau zogen in ein schönes Haus, kauften sich hübsche Kleider und aßen und tranken nach Belieben. Und ganz gleich, wie oft ihn seine Frau oder Freunde und Bekannte nach dem Grund für den plötzlichen Reichtum fragten, erwiderte er stets, er hätte einen entfernten Verwandten beerbt.

Dann, ein glückliches Jahr war vergangen, kam wieder Silvester und seine Frau, betrunken von zu viel Wein, drang mit ihren Fragen nach dem Ursprung des Geldsegens so arg in ihn, dass er ihr den wahren Grund verriet. Entsetzt über seine eigene Offenheit schwang er seinen Mantel um und eilte nach Nürnberg, um auf dem Ölberg wieder die unheimliche Gestalt zu treffen und um Vergebung zu bitten. Diese erwartete ihn schon. Noch bevor der Nusskaspar um Gnade flehen konnte, hatte der Dämon ihn gepackt, ihm das Genick gebrochen und seinen verdrehten Leib auf das Pflaster geschleudert. Dort blieb der leblose Körper liegen, bis ihn am nächsten Tag die Gesellen des Henkers davontrugen. Doch des Nusskaspars Geist kommt nicht zur Ruhe. Jedes Jahr in der Silvesternacht streift er umher. Immer auf der Suche nach Leichtsinnigen, die wie er dazu bereit sind, einen unseligen Pakt mit dem Teufel zu schließen.

Mit diesen Worten endete der Fremde, leerte seinen Bierkrug, stand auf und ging. Der Wirt und all die anderen Zuhörer brauchten einen Moment, um sich zu fangen. Dann wurde weitergetrunken und der nahende Jahreswechsel gefeiert. Als die Mitternachtsglocke geläutet hatte und von den Türmen feierliche Choräle das neue Jahr willkommen geheißen hatten, verließen auch die letzten Gäste das Wirtshaus und torkelten betrunken in die Nacht hinaus. Der Wirt wusch noch das Geschirr ab und wischte über die Tische. Was für eine seltsame Geschichte, dachte er sich, als er seinen Mantel anzog, nach draußen ging und die Tür absperrte. Als er sich umdrehte, stand plötzlich der Fremde vor ihm und lächelte ihn schmallippig an. Statt ihm eine weitere Geschichte zu erzählen, frage er: „Willst du auch eine goldene Nuss?"

NACH FRANZ BAUER: „DER NUSSKASPAR" UND „DAS GESPENST IN DER SILVESTERNACHT"; ALT-NÜRNBERGER SAGEN, LEGENDEN UND GESCHICHTEN S. 15–19

LEBEN UND TOD

DER FRIEDHOF ST. JOHANNIS IN NÜRNBERG

Wie schön das Leben doch sein kann, und wie grausam zugleich. Tanzt es gerade noch nackten Fußes über die sonnenwarme Erde, erfreuen sich bald darauf die darin umherkriechenden Würmer an seinem verfaulenden Kadaver. Doch dieses bittere Schicksal weder erahnend noch erkennend tollt das Leben so pur und unverfälscht, wie es nur ein unschuldiges Kind kann, durch die sommerlich bunte Wiese. Die zarten Ärmchen weit vom Körper gestreckt rennt es, als wären die fliehenden Glieder die ausgespannten Schwingen eines stolz kreisenden Adlers. Sie streifen wehend die Blumenköpfe und versetzen das Gräsermeer in wogende Wallung. Das Mädchen, sich der Lebensfreude und dem Vergnügen unbefangen hingebend, dreht sich, alles um sich herum vergessend, im Kreis. Der Saum seines Kleidchens schwingt fliegend auf und ab. Schneller und schneller dreht es sich. Die Welt vor seinen Augen verschwimmt. Farben laufen bunt ineinander und werden zum kreiselnden, alles umfangenden Regenbogen. Schließlich, schwindelig vor Glück, lässt sich das Kind in das herrlich weiche Gras fallen. Seinen Blick auf die hoch am Himmel stehende Sonne und die vorbeiziehenden Wolken gerichtet, wird es von zufriedener Müdigkeit überwältigt und schläft selig ein.

Während das Leben so zur Ruhe kommt, erwacht der Tod. Unscheinbar und hinterlistig bahnt er sich seinen Weg durch das hohe Gras. Schwarz ist er, sodass er mit der Erde, über die er sich schlängelt, zu verschmelzen scheint. Und so bleibt sein sich windendes Vorankommen unbemerkt. Seine wachen Augen haben das Menschenkind längst erspäht. Tückisch nähert sich der Tod in Form einer Eidechse seinem Opfer. Wie selbstzufrieden das Leben in diesem jungen Körper schlummert. Der Ekel, den er bei dem Anblick empfindet, wandelt sich in kühne Entschlossenheit. Er wird dieses Leben nehmen. Sanft, fast zärtlich, erklimmt er den entspannt atmenden Körper. Der Mund des Kindes steht ein wenig offen. Gerade weit genug, um seiner Eidechsengestalt den Zutritt zu gewähren. Sachte windet sich der Tod hinein und

ZEICHEN DER VERGÄNGLICHKEIT AUF DEM JOHANNISFRIEDHOF IN NÜRNBERG

kriecht den fleischig roten Schlund hinab. Immer tiefer gleitet er. Berauscht vom Fluss des Blutes und vom Schlagen des Herzens hält er schließlich inne. Er streicht behutsam mit seiner Zunge über das Gewebe um ihn herum und schmeckt das süße Vergehen des Lebens unter seinem verderbten Atem. Wollüstig leckt seine Zunge über die kleinen, spitzen Zähne in dem Eidechsenkiefer. Hunger und Gier erwachen in ihm. Ein letzter Atemzug voller Zufriedenheit. Dann beißt er zu. Den plötzlichen Schmerz seines Opfers genießend frisst er sich dem wild pochenden Herzen entgegen. Mögen die qualvollen Schreie dort draußen verzerrt und schrecklich klingen, hier drinnen nimmt er sie als köstliche Symphonie wahr. Er erreicht das Herz. Wie schnell und stark es schlägt und zuckt. Nun ist das Leben nicht mehr schön. Es ist hässlich. Es blutet und trieft. Es schwitzt und kreischt. Noch ein letzter, genussvoller Biss und es erstirbt.

Fast schon bedauert er die Stille, die binnen eines letzten entsetzten Wimpernschlags einkehrt. Nach einer Weile wird der tote Körper angehoben und auf einen Karren geladen. Über Stock und Stein geht die Reise. Der Tod lässt es sich gefallen. Satt und zufrieden genießt er die Kälte, die sich um ihn herum ausbreitet. Als der Karren sein Ziel erreicht, die Leiche abgelegt wird und die Untersuchung beginnt, macht er sich auf den Rückweg. Entzückt blickt er in die schreckgeweiteten Augen der Ärzte, als er den Körper des Mädchens wieder durch den weit offenstehenden Mund verlässt. Tollkühn, bevor ihn jemand zu fassen bekommt, springt er vom Untersuchungstisch und verschwindet.
Indes, vergessen wurde das grausame Schicksal des Mädchens nicht. Ihren Grabstein auf dem Nürnberger St. Johannisfriedhof nahe der Holzschuher-Kapelle zieren bis heute die Figuren eines schlafenden Kindes und einer Eidechse.

NACH FRANZ BAUER: „DIE EIDECHSE", ALT-NÜRNBERGER SAGEN, LEGENDEN UND GESCHICHTEN S. 138–140

DIE EIDECHSE UND DAS MÄDCHEN

AUCH ALBRECHT DÜRER FAND
AUF DEM JOHANNISFRIEDHOF
IN NÜRNBERG SEIN GRAB

DAS GRAB

DIE HOUBIRG BEI HAPPURG

Dichter Nebel hüllt das felsige Plateau der Houbirg in weiße Stille. Gierig schluckt der Dunst das knarrende und brechende Ächzen des gefrorenen Laubs unter den Füßen des einsamen Wanderers. In den frühen Morgenstunden hat er sich auf den Weg gemacht. Hinauf an den Ort, an dem einst üppiges Leben und Jahrhunderte später tiefe Trauer herrschten. Lange vor der Zeitenwende, noch bevor das Römische Reich erblühte, fanden die Menschen hier oben Zuflucht. Steinzeitmenschen nutzten eine ausladende Höhle als Jagdstation, in der sie ihre Beute zerlegten. Jahrtausende später entstand auf der Höhe eine der bedeutendsten Keltensiedlungen Süddeutschlands. Der Wanderer, vom beschwerlichen Aufstieg außer Atem, schließt seine Augen. Das Pochen seines angestrengten Herzens beruhigt sich Schlag für Schlag. Die kalte Luft flutet seine Lungen. Seine Muskeln entspannen sich und seine Gedanken, die bereitwillig der Zielstrebigkeit des Aufstiegs wichen, kämpfen sich behutsam aus den hinteren Windungen des von Geistesblitzen durchzuckten Gehirns zurück ins Bewusstsein. All sein Wissen und seine Erinnerungen um diesen, im Nebel jenseitig anmutenden Ort, brechen sich nun Bahn. Umfangen vom winterlichen Schweigen träumt sich der Besucher in der Zeit zurück. Traum und Wirklichkeit strömen und verschlingen sich ineinander, wirbeln umher und reißen ihn mit sich fort. Vor seinem geistigen Auge verschwimmen die knorrigen, den Gipfel bevölkernden Bäume und verschwinden schließlich ganz. Ein lauer Wind hebt an und bläst die Nebelschleier davon. Der Schnee schmilzt und zieht sich fließend ins Tal zurück. Binnen weniger Augenblicke regt sich Leben unter dem schwarzbraunen Laub, das die Erde bedeckt. Der Frühling erwacht und mit ihm die Pracht der Blüten. Bunt erobern herrliche Farben die Houbirg und lassen sie im gleißenden Sonnenlicht pulsierend erstrahlen.

AUF DEM KELTENWALL DER HOUBIRG

Zuerst nur schemenhaft, dann mehr und mehr Gestalt annehmend erscheinen in der Fantasie des Wanderers die mit Stroh gedeckten, gelblich getünchten Häuser der Kelten, die einst hier lebten. Erbaut aus Holz und Lehm säumen die Gebäude die Straßen und Wege, die sich über die Ebene ziehen. Wohnhäuser, Werkstätten, Ställe und Speicher wechseln sich ab. Dazwischen entstehen saftig grüne Weiden, auf denen Rinder zufrieden grasen. Auf umliegenden Äckern wachsen Gerste und Bohnen. Durch das große Osttor des mehrere Meter hohen Walls, dessen Spuren noch heute das Bild der Houbirg prägen, gelangen Fuhrleute mit ihren Ochsenkarren in die Siedlung. Marktgeschrei hallt ebenso über das Plateau wie das metallische Hämmern aus der Schmiede, das Blöken der Schafe und das Gegacker der Hühner, die seelenruhig zwischen den Häusern umherpicken. Dann, binnen eines Wimpernschlags, entschwindet das Tageslicht und mit ihm das geschäftige Treiben der Kelten. Tiefschwarze Nacht senkt sich über den gewaltigen Berg. Der Nebel kehrt kriechend zurück und erstickt die augenblicklich unter seinem kaltem Hauch welkende und vergehende Blütenpracht. Inmitten des zähen Dunstes schleichen unzählige düstere Schatten den Hang hinauf. Es sind die Geister der Hunnen. Jene Nomaden, die einst wie ein Sturm über das Land fegten und alles und jeden zerstörten, der es wagte, sich ihnen in den Weg zu stellen. Ihre dem Jenseits für diese eine Nacht des Jahres entkommenen Seelen schreiten trauernden Blickes geräuschlos zwischen den Felsen hindurch. In nahezu durchsichtigen Händen halten sie Hacken und Schaufeln. Inmitten der stimmlosen Menge wankt ein riesiger Sarkophag, gestemmt von sich abwechselnden Trägern über den Bergrücken. Es ist der Sarg Attilas, des großen Heerführers, den seine Feinde die Geißel der Menschheit nannten. Mit ihm haben die Hunnen ihren Zusammenhalt und ihre Stärke verloren. Zerbrochen ist das einst mächtige Reich. Gleich dem vom Wind durch die Welt getragenen Steppenstaub zerstreuten sich die Hunnen in alle Himmelsrichtungen. Rastlos wie zu ihren Lebzeiten irren ihre Seelen durch die Unendlichkeit. Nur in dieser einen Nacht des Jahres finden sie auf der Houbirg zusammen und bestatten ihren großen Anführer. Wortlos heben sie ein tiefes Grab aus und senken seinen prunkvollen, aus drei Särgen, einem goldenen, einem silbernen und einem eisernen, bestehenden Sarkophag hinein. Dann füllen sie das Grab mit Erde eben auf und streichen die Ränder behutsam aus, um alle Spuren zu verwischen.

Kein Lebender kennt den Lageort des Grabes. Nur der Wanderer selbst. Schweigend wohnt er der Bestattung bei. In einer anderen Zeit war er es, der in dem Sarg zur letzten Ruhe gebettet wurde. Nicht stark und stolz im Kampf war er gestorben, sondern schwach und ehrlos in den Armen seiner Frau. Wehmütig gedenkt er, der einst Attila war, jener großen Tage, in denen er an der Spitze seines wilden Volkes ritt und sich weite Teile der bekannten Welt Untertan machte. Doch wie sehr müssen er und die Seinen seither für ihre Taten büßen. Er, verdammt zur Unsterblichkeit, wandert durch die Zeit von einem Körper zum nächsten. Nur um miterleben, wie sein Volk im Sturm der Geschichte verging. Verflucht dazu, endlos schmerzhaftes Wissen anzuhäufen, das keines lebenden Menschen Verstand fassen könnte. Seine Untertanen hingegen durchstreifen für alle Ewigkeit das Jenseits. Einzig und allein in dieser einen Nacht des Jahres finden sie zusammen und erinnern sich leidvoll an ihre ruhmreiche Vergangenheit und deren schmachvolles Ende.

NACH ALFRED KRIEGELSTEIN: „ETZELS GRAB". SAGEN, LEGENDEN, GESCHICHTEN AUS MITTELFRANKEN S. 169–170

DAS FELSENTOR DES HOHLEN FELS
AUF DER HOUBIRG

DER NEBEL TRÜBT DEN BLICK

DAS BÄRENLOCH BEI HOHENSTEIN

VERFLUCHT

DAS BÄRENLOCH BEI HOHENSTEIN

Die Morgendämmerung sandte dünne Sonnenstrahlen in ihre Höhle. Ängstlich zog sie sich tiefer in den Schutz der Dunkelheit zurück und verdeckte ihre zierlichen Arme und Beine mit ihrem weiten Umhang. Sie kannte das grausame Brennen des Tageslichts auf ihrem silbrig schimmernden Körper. Sie erinnerte sich daran, wie ihre Haut in der sengenden Hitze Blasen geworfen hatte und ihre stummen Schmerzensschreie in der gleißenden Helligkeit des Tages ungehört verhallt waren.

Wieder und wieder war die zartgliedrige Geistergestalt so dafür bestraft worden, dass sie, getrieben von der Hoffnung auf Erlösung, die Nacht und die Wälder hoch über dem Sittenbachtal durchstreift hatte, bis die Morgensonne die letzten Fetzen schützender Finsternis beiseite wischte. Als Zuflucht hatte sich das Gespenst eine Höhle erwählt, die sich tiefschwarz in einen Felsenhang bohrte und es vor dem quälend heißen Tageslicht schützte. Hier oben war es in Sicherheit.

Die Bewohner des nahen Ortes Hohenstein mieden das Waldstück, in dem sich seine Höhle befand. Bärenloch hatte man sein Zuhause getauft. Und der Gestalt hatte man den Namen Bernlohmaigerl gegeben. Sie selbst wusste nicht, wie lange sie hier schon ihr geisterhaftes Dasein fristete. Auch konnte sie sich nicht daran erinnern, aus welchem Grund ihr dieses schaurige Schicksal zugedacht worden war. Was musste sie vormals Fürchterliches getan haben, um derartiges Leid verdient zu haben? Tag um Tag, Nacht um Nacht marterten diese quälenden Fragen ihre verzweifelte Seele. Wieder und wieder verließ sie im Schutz der Nacht ihr Refugium und versuchte, mit den Menschen in Kontakt zu treten. Sie nahm die anmutige Gestalt einer Tamburin schlagenden Tänzerin mit tiefschwarzen Haaren an, die von einem zahmen Tanzbären begleitet wurde. Jeder Sprache beraubt war sie dazu

FELSEN WIE DER BOLZENSTEIN ERHEBEN
SICH HOCH ÜBER DEM SITTENBACHTAL

verdammt, still und stumm die Wälder rings um den Hohenstein zu durchwandern. Immer bang hoffend, dass ein Mensch ihre Nähe ertragen könnte und sie, wenn es überhaupt möglich war, von ihrem schrecklichen Fluch erlösen würde.

Eines Nachts durchquerte ein Bauer nach einem langen und arbeitsreichen Tag mit seinem Ochsenkarren die Wälder am Fuß des Hohensteins. Er wusste um die Geschichten, die sich um das Bernlohmaigerl rankten. Ganz mulmig war ihm zumute, als er mit seinem Karren immer tiefer in den Wald gelangte. Der Himmel über ihm war von tintenschweren Wolken durchzogen. Nur ab und an lugte der Mond hervor und spendete gerade genug Licht, um den Waldweg zu erkennen. Dunkelheit umfing den Bauern. Und mit ihr kam das Gespenst. Im fahlen Mondlicht erblickte er vor sich im aufziehenden Nebel einen sanftmütigen Bären vorbeitrotten und dann die schemenhafte Gestalt des Bernlohmaigerls zwischen den Bäumen hin und her tanzen. Elegant und fast schwebend bewegte sie sich, den feinen Dunst umherwirbelnd, zaghaft auf den Bauern zu. Dieser, von unbeschreiblichem Schrecken ergriffen, wendete seinen Karren und flüchtete, so schnell er nur konnte, aus dem Wald. Wieder einmal war es ihr nicht gelungen, den Menschen die Angst zu nehmen.

Schattenlos kehrte das Bernlohmaigerl trauernd in seine Höhle zurück. Am Morgen würde sie sich darin wieder vor der Glut der Sonnenstrahlen verstecken. Doch in der nächsten Nacht würde sie sich wieder auf die Suche machen. Und in der Nacht darauf erneut. So lange, bis sie einen Menschen fände, der keine Furcht zeigte und der gewillt war, sie zu erlösen.

NACH ERNST KNOTH: DAS BÄRENMÄDCHEN, ZIT. NACH VINZENZ DORN: SAGENHAFT, S. 85.

REGUNGSLOS

DIE OBERMÜHLE IM SITTENBACHTAL

Als er die Augen öffnete, war es schwarz um ihn herum. Wo war er? Und warum konnte er sich nicht bewegen? Ganz gleich, welchen Muskel er anzuspannen versuchte und welchen Arm, welches Bein, welchen Finger er bewegen wollte, sein Körper versagte ihm den Dienst. Er begann zu rufen. Doch nicht einmal er selbst konnte seine Schreie hören. Egal, wie laut er brüllte, um ihn herum blieb es still und schwarz. So schwarz wie in ihm selbst. Denn da war nichts, weder Angst noch Panik. Nur eine erdrückende Leere, ein eigenartiges Nichts, das ihn schweigend ausfüllte.

Jeglichen Zeitgefühls beraubt, lag er regungs- und geräuschlos da, bis er plötzlich wieder sehen konnte. Eine Schnauze, mochte es ein Fuchs oder ein Wolf sein, hatte das Laub und die Erde, die ihm die Sicht genommen hatten, beiseitegeschoben. Eine triefende Zunge leckte ihm über die offenen Augen, die sich nicht schließen ließen. Das Tier schnüffelte interessiert an ihm, atmete seinen Geruch ein und aus und legte mit seinen Pfoten weitere Teile seines Körpers frei. Die Geräusche seiner Umwelt konnte er also hören. Ebenso gut, wie er sehen konnte. So nahm er auch den Speichel des Tieres wahr, der von den Lidern über seinen offen liegenden Augäpfeln an den Schläfen entlang rann. Kurz darauf drang die Schnauze des Tieres durch einen tiefen Schnitt in seinen Bauch ein, riss die Wunde weiter auf und fraß sich an seinem Magen satt. Bei jedem Biss des Tieres, der seinen leblosen Körper lächerlich zappeln und zucken ließ, schossen ihm unwillkürlich Erinnerungen wie grell leuchtende Blitze ins Gedächtnis.

Er sah, wie er seinen todkranken Vater aus dessen Bett warf und ihn an den Füßen zum Sterben hinaus auf den Hof schleifte. Er sah, wie er seine Frau schlug. Weinend kauerte sie vor ihm in einer Ecke. Blut lief ihr aus einer klaffenden Wunde am Kopf auf die Schultern. Er sah, wie er seinem Sohn eine Axt hinterherwarf, die dessen Ferse traf und ihn schreiend zu Fall brachte. Er sah, wie er mit seiner Geliebten das Bett teilte. Wie sein Körper in Wollust verging. Der Körper, der nun dazu verdammt war, auf ewig still zu liegen.

Das Tier hatte genug gefressen. Aus den Augenwinkeln konnte er sehen, wie es zufrieden davontrottete. Nun erkannte er auch, dass es sich um einen Fuchs handelte. Er war wieder allein. Sonne und Mond zogen ihre Bahnen über ihm. Währenddessen zerfiel sein Körper. Die Maden labten sich an seinem Fleisch.

Dann kam der Fuchs zurück und fraß weiter. Und wieder schossen ihm bei jedem Biss blitzartige Erinnerungen ins verwesende Gehirn. Doch dieses Mal war er das Opfer. Er sah sich, wie er nachts, vom Klingeln der Mühlglocke geweckt, im Flackern des Kerzenlichts aus seiner Kammer in die Küche trat. Er sah die Axt, wie sie die Luft zerschnitt, seinen Kopf um Haaresbreite verfehlte und sich spaltend in seine Schulter grub. Er sah den Tagelöhner Johann Adam Wagner, der auf dem Grundstück seiner Mühle lebte und arbeitete. Entschlossen griff dieser ehemalige Soldat ihn an und schlug immer wieder auf ihn ein. Er sah, wie er sich verzweifelt wehrte, den Angreifer umklammerte und wild um sich schlug. Er sah, wie Johann sich aus seinem Griff wand, ein Messer zückte und es ihm in den Bauch rammte. Hinter Johann erschien sein eigener Sohn Konrad, der dem Angreifer ein Holzscheit in die Hand drückte. Dieser holte damit aus und schlug damit auf seinen Kopf ein. Er sah, wie er stürzte, Johann und Konrad über ihm standen und Johann mit dem Stück Holz so oft auf seinen Kopf eindrosch, bis es schließlich zerbrach. Sein Blick verschwamm. Er sah, wie Johann von Konrad eine Schnur gereicht bekam. Diese schlang Johann ihm um den blutverschmierten Hals. Dann wurde es dunkel.

Mit einem Mal zerriss die Erkenntnis die Finsternis. Sein Name war Friedrich Kleinschrot, er war der Müllermeister der Obermühle im Sittenbachtal gewesen. Tagein, tagaus hatte er seine Familie gequält. Er hatte sie gedemütigt, geschlagen und betrogen.

DER WEG ZUR ERLÖSUNG?

AUF DEM HEUBODEN

Eines Tages hatten sich seine Frau und seine Kinder gegen ihn verschworen und ihn von dem Tagelöhner Wagner ermorden lassen. Und nun lag er tot inmitten hoch aufragender Felswände in einer Schlucht, notdürftig mit Steinen, Erde und Laub bedeckt. Als ihn die Ermittler im Jahr 1821, vier Jahre nach seiner Ermordung fanden, waren nur noch umherliegende Knochen von Friedrich Kleinschrot übrig. Darunter sein blanker Schädel. Als er hochgehoben wurde, genoss er es, endlich einmal wieder etwas anders zu sehen als die ewig gleichen Baumkronen über sich.

NACH ANSELM RITTER VON FEUERBACH: „DER VATERMORD AUF DER SCHWARZMÜHLE IM SITTENTHALE"; AKTENMÄSSIGE DARSTELLUNG MERKWÜRDIGER VERBRECHEN, DRITTE UNVERÄNDERTE AUFLAGE, FRANKFURT AM MAIN 1849, S. 162–197

DIE TÜR DES WOHNGEBÄUDES

DUNKLE ECKEN IM KELLER

HEUTE IST DIE OBERMÜHLE EIN ORT
GESELLIGEN BEISAMMENSEINS

DER BLICK VON DER FESTUNG ROTHENBERG

AUSGETROMMELT

FESTUNG ROTHENBERG BEI SCHNAITTACH

Wie es beim Militär Sitte war, gehörte auch zu dem auf der Festung Rothenberg stationierten, kurbayerischen Regiment ein Tambour, ein Trommler. Der Sage nach soll er ein Schluckspecht gewesen sein. Bei jeder sich bietenden Gelegenheit kehrte er dem Drill auf der Festung den Rücken und fand sich in der Dorfschenke unten im Ort Schnaittach ein, um dort nach Herzenslust zu zechen. Dem Schankwirt war der Tambour wohlbekannt und gut gelitten. Versoff er in der Schenke doch nicht nur seinen gesamten Sold, sondern wusste auch noch so manch spannende Soldaten-Anekdote zum Besten zu geben. Wahrlich selbst erlebt oder im Biernebel frei erfunden, war den begeisterten Zuhörern dabei einerlei.

Zum Glück des Trommlers wirkte sein schlitzohriger Charme auch bei seinen Vorgesetzten. Und so wurde beim Exerzieren über so manchen Lapsus hinweggesehen. Bei lockeren Knöpfen an der Uniform oder sonstigen leichten Verfehlungen wurde mehr als einmal ein Auge zugedrückt. Doch es gab eine Sache auf der Festung, die nie, aber auch wirklich niemals geduldet wurde: unerlaubtes Entfernen oder Fernbleiben von der Truppe. Dies wurde mit drakonischen Strafen wie dem Spießrutenlauf vergolten. Das wusste auch der Tambour. Und bis zu jenem unglückseligen Abend, von dem diese Sage berichtet, war es ihm stets gelungen, zum Dienstantritt mehr oder weniger nüchtern und mehr oder weniger aufrechtstehend zu erscheinen. Nicht zuletzt, weil der ihm wohlgesonnene Wirt den sympathischen Trunkenbold stets zur rechten Zeit an seinen nahenden Dienstbeginn erinnert hatte. Eines Abends jedoch sollte es anders kommen. Das Schnaittacher Bier hatte dem Tambour wieder einmal besonders gut geschmeckt und ihm die Zunge gelockert. Und so gab er eine Geschichte und ein unflätiges Soldatenlied nach dem anderen zum Besten. Der Wirt und seine Gäste lauschten begierig den ausschweifenden

DIE RUINEN DER FESTUNG ROTHENBERG

Erzählungen und stimmten nur zu gerne in den wüsten Gesang ein. Über all dem Erzählen, Fabulieren und Singen hatte an diesem Abend sogar der Wirt die unerbittlich fortschreitende Zeit vergessen. Erst als die Kirchturmuhr mit zaghaftem Klang das nahende Mitternachtsgeläut ankündigte, wurde ihm schlagartig bewusst, dass der Trommler seinen Dienstbeginn versäumen würde, wenn er sich nicht schleunigst auf Weg machte. Der Wirt eilte zur Garderobe, sammelte den Hut, die Uniformjacke und die Trommel des Tambours ein. Mit beherztem Ruck zog er den noch immer in seine Geschichte vertieften Erzähler vom Schanktisch, auf dem er gerade, eine Parade nachspielend, hin und her stolziert war. Der verdutzte Trommler bekam einen Eimer eiskalten Wassers über den Kopf geschüttet sowie rechts und links ein paar gut gemeinte, urfränkische Watschen eingeschenkt. Als er nach dieser Rosskur wieder einigermaßen hergestellt war, zog man ihm seinen Hut und seine Jacke an und hängte ihm die Trommel über die Schulter. Wild gestikulierend konfrontierte ihn der Wirt mit der höchst unangenehmen Situation, in der er sich befand.
Schlagartig nüchtern und von Panik erfüllt stieß der Tambour die Schanktür auf, rannte in die Nacht hinaus und den Hang hinauf der Festung Rothenberg entgegen. Gerade einmal zehn Minuten blieben ihm, um vor dem Nachtappell das Tor zu erreichen. Er hetzte zwischen den Obstbäumen den steilen Rothenberg hinauf. Er stolperte keuchend und schwitzend in der Dunkelheit vorbei am Festungsfriedhof. Er eilte und rannte, so schnell ihn seine Füße trugen, und schaffte es sogar noch vor dem Mitternachtsläuten an die Festungsbrücke. Doch dort, kurz vor dem Ziel, traf den Erbarmungswürdigen der Schlag und er brach vor Erschöpfung tot zusammen.
Sein ruheloser Geist soll noch heute in Form eines schwarzen Pudels an den Hängen des Festungsbergs umgehen. Am liebsten läuft er ahnungslosen Wanderern voran und hat schon so manchen von ihnen in die Irre geführt.

NACH EMMI BÖCK: „DAS TAMBOURL". SAGEN AUS MITTELFRANKEN S. 161–162

RETTUNG AUS DER DUNKELHEIT

DIE MAXIMILIANSGROTTE UND DIE STEINERNE STADT BEI KROTTENSEE

Überall um sie herum lag der Tod. Blanke, von den Geschöpfen der Finsternis abgenagte Knochen schimmerten weiß im Mondlicht, das durch das Windloch in die Höhle hereinfiel. Leere Augenhöhlen glotzten sie unverhohlen an. Lose an den Schädeln hängende Unterkiefer schienen hämisch lachend zu vibrieren, sobald sie sich bewegte. Sie lag auf einem Berg aus menschlichen Gebeinen. Aufgeschreckte Fledermäuse umschwirrten die benommene Frau. Fiepend und klickend verliehen die nächtlichen Räuber ihrer Entrüstung über die Störung Ausdruck. Allerlei Krabbelgetier entströmte dem vormals regungslosen Knochenhaufen und suchte sein Insektenheil in ungeordneter Flucht.

Anna Maria wollte sich aufrichten. Doch als sie sich auf einem der Totenschädel aufstützte, zerbarst dieser unter ihrem Gewicht und hüllte sie in eine Wolke feinen Knochenstaubs. Sie schrie und atmete dabei den weißen Nebel des Toten ein. Sie schrie abermals. Ihre zitternden Finger suchten in dem wackeligen Haufen Halt. Sie ertastete löchrigen Stoff, griff hilfesuchend hinein und spürte Ziernähte, Knöpfe und metallene Rangabzeichen. Der Stoff hatte die Zeit in der Höhle offensichtlich besser überstanden als das menschliche Gewebe, das er einst vor Wind und Wetter schützte. Es waren die Uniformen gefallener Soldaten.

Gut 130 Jahre zuvor hatte auf den Höhen und in den Wäldern rund um Krottensee eine grausame Schlacht zwischen Franken und Bayern getobt. Der Kampf wogte hin und her. Gewehrkugeln zerfetzten Arme und Beine und rissen tiefe Wunden in schreiende Leiber. Säbel, Bajonette und Messer schnitten scharf in blutendes

DAS WINDLOCH IN DER MAXIMILIANSGROTTE

Fleisch. Als plötzlich der Wind drehte, wehte den bayerischen Truppen der Pulverdampf entgegen, raubte ihnen die Sicht und machte sie weitgehend handlungsunfähig. So wurden sie von den heranstürmenden Franken überrannt. Hals über Kopf flüchteten versprengte bayerische Soldaten in den Wald und wurden von den ihnen nachsetzenden Franken erbarmungslos niedergemacht. Wo auch immer sie sich versteckten, ihre Verfolger spürten sie sogar zwischen den gewaltigen Felsen der nahen steinernen Stadt auf und machten kurzen Prozess mit ihnen.

Niemand, dessen die Franken habhaft wurden, überlebte. Und so färbte sich der Waldboden blutig rot. Als das Schlachten endete, begann das Plündern. Die Toten wurden durchsucht und um ihre Habe erleichtert. Sogar vor dem Herausbrechen goldener Zähne scheuten die Leichenfledderer nicht zurück. Danach wurden die Gefallenen gesammelt und hastig in Massengräbern bestattet. Um sich für die 28 rings um die Maximiliansgrotte gestorbenen bayerischen Soldaten den Aufwand des Grabaushebens zu sparen, warf man ihre Leichen ohne viel Aufhebens in das weit geöffnete Windloch, dem damals einzigen Zugang zur Höhle. 26 Meter stürzten die leblosen Körper in die Dunkelheit, bevor sie auf dem Höhlenboden zerschmetterten. Seitdem hatten die Toten hier unten geruht und waren dem Vergessen und der Verwesung anheimgefallen.

Nun war Anna Maria Friedl, eine Wirtsfrau, deren Verstand seit Jahren getrübt war, während eines abendlichen Spaziergangs vom Weg abgekommen und in das Windloch gestürzt. Nur den Gebeinen und der dämpfenden Wirkung der alten Uniformen war es zu verdanken, dass die Verunglückte den Sturz in die Tiefe überlebt hatte. Nachdem sie sich einige Male hin und her gewälzt hatte, gelang es ihr, sich von dem Knochenhaufen herabzurollen. So verwirrt ihr Geist auch sein mochte, dass ihre Lage ernst war, konnte auch ihr vernebelter Verstand innerhalb weniger Augenblicke erfassen. Sobald sich ihre Augen einigermaßen an die nahezu vollkommene Dunkelheit gewöhnt hatten, machte sie sich daran, den seltsamen Ort zu erkunden. Aus Knochen und Uniformresten bastelte sie sich Fackeln, die sie mit den Feuersteinen aus ihrer Schürze entzündete. Derart gerüstet begann sie ihre Expedition. Sicher entdeckte sie dabei auch die faszinierenden Tropfsteinformationen wie den Adler und den gewaltigen Eisberg. Doch neben all diesen wundersamen Eindrücken, die Anna Maria bei der Erforschung der Maximiliansgrotte sammelte, geschah noch ein anderes, erstaunlicheres Wunder.

Mit jedem Atemzug, den sie hier unten tat, mit jedem Schluck Wasser, den sie aus den Sinterbecken trank, kehrte ihr Verstand Stück für Stück zurück. Und als sie nach fünf Tagen endlich gefunden wurde, war zwar ihr Körper von der entbehrungsreichen Zeit entkräftet, doch ihr Geist so wach wie schon lange nicht mehr. Das Höhlenklima hatte sie geheilt. Doch vielleicht waren es auch die Toten, die froh darüber waren, nach all den Jahren ein wenig Gesellschaft zu haben, und ihr deshalb besonders wohlgesonnen waren. Wer den Gebeinen der Soldaten heute einen Besuch abstatten möchte und bei der Gelegenheit die Wunder der Maximiliansgrotte selbst erleben möchte, dem sei ein Besuch dieser wunderschönen Tropfsteinhöhle wärmstens ans Herz gelegt.

INSPIRIERT VON MAXI.GROTTENHOF.DE/GESCHICHTE.HTML

KNOCHEN VON MENSCHEN UND HÖHLENBÄREN

DIE FRÄNKISCHE SCHWEIZ

Bizarre Felsformationen, finstere Höhlen und tief in der Landschaft klaffende Schluchten prägen das Erscheinungsbild der Fränkischen Schweiz. In ihren malerischen Tälern mäandern Flüsse wie die Wiesent, die Trubach und die Aufsess, deren gemächliches Murmeln stellenweise zu einem kraftvollen Rauschen anschwillt. Diese romantische Auenlandschaft, deren Feuchtigkeit körperlose Nebelgespinste gebiert, wird eingerahmt von schroff geformten Felsenhängen, deren zerklüftetes Grau schon die Fantasie so manches Besuchers schwungvoll beflügelte. Riesen, Zwerge, Nymphen und andere Naturwesen bevölkern die märchenhafte Landschaft. Gekrönt werden viele der Gipfel der Fränkischen Schweiz von faszinierenden Burgen und Burgruinen. Wo einst das pralle Leben herrschte, regiert heute der Verfall. Inmitten der alten Gemäuer, so berichten alte Sagen und Legenden, gehen die Geister der Verstorbenen um, getrieben von dem verzweifelten Wunsch nach Erlösung.

DIE RIESENBURG

Der Sage nach in alten Zeiten von einer Riesenfamilie bewohnt, gilt diese gewaltige Versturzhöhle als eine der faszinierendsten Sehenswürdigkeiten der Fränkischen Schweiz. Wer aus dem Wiesenttal die Stufen hinauf steigt und diese magische Felsenwelt betritt, wird mit prachtvollen Eindrücken belohnt, die er so schnell nicht mehr vergisst. Höhepunkt eines Besuches der Riesenburg ist der Blick von der Steinbrücke, die sich eindrucksvoll zwischen den Höhlenwänden spannt, hinab in die schwindelerregende Tiefe. Die Löcher in dem ehemals geschlossenen Höhlendach wurden, so erzählt die Legende, von den einst hier lebenden Riesen in den Stein geschlagen. Nacheinander brachen sie Felsbrocken um Felsbrocken aus der Decke und schleuderten sie hinunter ins Tal einer Gruppe angreifender Bulgaren entgegen, die samt und sonders von den schweren Steinen zerquetscht wurden.

DIE RIESENBURG

DER WEG ZU DEN FELSENKELLERN

DIE ZWEI BRÜDER

DAS EBNETHER FELSENLABYRINTH

Der Tag ist soeben erst erwacht. Diffuses Zwielicht flutet den Wald und verleiht Bäumen und Felsen wundersam verzerrte Silhouetten. Kühler Wind treibt den morgendlichen Nebel gespenstisch vor sich her. Dessen weiße Fäden umfangen die Bäume und wehen als feingliedrige Fahnen an den dünnen, knorrigen Ästen. Kein Vogel pfeift. Geisterhafte Stille liegt über dem Wald. Nichts rührt sich.
Aus dem Nebel schälen sich schemenhafte Gestalten. Unbeirrt finden sie ihren Weg durch das Unterholz. Nebel und Dunst verschlucken das Knacken der herabgefallenen Äste und das Rascheln des Laubes unter den Schritten des finster dreinschauenden Trupps. Sie sind auf der Jagd. Doch nicht Wild soll ihre Beute sein. Ihre hohen Hüte haben sie tief ins Gesicht gezogen, den Kragen ihrer langen, schwarzen Mäntel nach oben geschlagen, um sich gegen die morgendliche Kälte zu schützen. In den Händen halten sie Gewehre und Säbel. Mit grimmiger Entschlossenheit nähert sich der Trupp unter der Führung des Försters seinem Ziel, einem im Hangwald bei Ebneth verborgenen Felsengebiet.
Später einmal wird man Treppen und Gänge in den Sandstein schlagen und diese als Lagerkeller für Bier und Lebensmittel nutzen. Ein wahres Felsenlabyrinth erwartet die zu allem entschlossenen Besucher, die sich Schritt für Schritt ihren Weg durch den nebelverhangenen Wald bahnen. Sie schleichen sich vorbei an einem einzelnen Felsblock, auf dessen Plateau sich eine alte Opfermulde befindet. Möglicherweise wurde sie schon von den alten Kelten genutzt, um ihren Göttern an diesem geheimnisvollen Ort Opfer darzubringen. Bald darauf hat der Trupp sein Ziel erreicht. Vor dem dunkel im Fels klaffenden Eingang einer Höhle legen sich die Bewaffneten hinter den taunassen Büschen und den moosbewachsenen Felsen rings herum auf die Lauer.

Es dauert nicht lange, da nähert sich dem Höhlenportal eine in Felle und Lumpen gehüllte Gestalt. Schwankenden Schrittes, beladen mit einem an vielen Stellen geflickten Sack, steuert sie auf den Felseinlass zu. Der Förster springt aus seinem Versteck hervor. Seine durchdringende Stimme zerreißt die morgendliche Stille und fordert den Fremden auf, sich sofort zu ergeben und keine Gegenwehr zu leisten. Erschrocken, doch todesverachtend, schleudert dieser den Sack in hohem Bogen dem Förster entgegen. Dieser wiederum rettet sich mit einem kühnen Sprung zur Seite. Als der Sack auf den Felsen dahinter aufschlägt, zerreißt der Stoff und heraus quellen gestohlene Schmuckstücke, Wurst- und Fleischwaren und allerlei Tand, der sich klimpernd und kullernd über den Waldboden verteilt. Das verlorene Diebesgut vor Augen zieht der Räuber einen Säbel unter dem Lumpenrock hervor und stürzt sich auf die Schergen des Försters, die nun hinter den Büschen und Felsen hervortreten. Es entbrennt ein wilder Kampf, in dessen Verlauf es dem Räuber gelingt, zwei der Häscher tödlich zu verwunden, bevor er selbst von einem Säbelhieb niedergestreckt wird und auf dem nassen Moos sein verbrecherisches Leben aushaucht. Aufgeschreckt von dem plötzlichen Getöse zwischen den Felsen, dem wilden Säbelrasseln und den Schüssen, die zwischen den Steinen hin und her hallen, versucht nun der Bruder des Räubers aus einem nahe gelegenen Höhleneingang in den Nebelwald zu flüchten. Doch auch er entkommt den Schergen nicht. Ein gezielter Schuss bringt ihn zu Fall und beendet sein ruchloses Leben. Zur Erinnerung an dieses schaurige Ereignis wurden die beiden Höhlen nach den Räubern benannt. Sie heißen seit diesem Tage Jakobs- und Franzenshöhle.

NACH EINER SAGE DES EBNETHER DORFLEHRERS AUGUST WIPPENBECK UM 1930

EIN HEILSTEIN

INMITTEN DES FELSENLABYRINTHS

EINST EINE RÄUBERHÖHLE?

GESPENSTISCHER NEBELWALD
NAHE DER FELSENKELLER

DER WEG DER TOTEN?

TOTENWEGE

DER HOHLE STEIN BEI SCHWABTHAL

Was wissen die Toten von den Lebenden? Unbeirrbar ziehen sie auf ihren Wegen unsichtbar durch unsere Wirklichkeit. Auf ewig die Wunden und den Kummer tragend, in deren Angesicht sie starben, folgen sie ihren ausgetretenen Straßen. Das monotone Wispern, mit dem sie ihre verschwindenden Erinnerungen festzuhalten versuchen, verhallt, von den Lebenden ungehört, zwischen den Welten. Immer weiter ziehen sie, der Zeit enthoben, auf ihren Wegen. Unsere Brücken, unsere Häuser, unsere Straßen, ja sogar unsere Leiber aus Fleisch und Blut sind für sie nur Schemen, die es gleich namenlosen Nebelgespinsten zu durchqueren gilt. Wo sie rasten und verweilen, wird so manches lebende Wesen auf sie aufmerksam, spricht dann von Spuk und abgrundtiefem Schrecken. Ebenso geschieht es an ihren Kreuzungen, wenn das schnarrende Voranschreiten ins Stocken gerät. Dann blitzt die Welt der Toten gleich feinen Schnitten in unserer Wirklichkeit auf. Und Kreuzungen gibt es viele. Manche liegen vollkommen unbemerkt inmitten unserer Städte. Geschäftig tosendes Treiben, laut brüllender Verkehr und grell leuchtendes Licht verbergen die Spuren der Toten vor unseren unaufmerksamen Augen. Doch dort, wo das schrille Leben in Einsamkeit verstummt, werden sie spürbar. An Orten, die fernab der krakeelenden Zivilisation liegen, können wir sie wahrnehmen. Ein solcher Ort mag der Hohle Stein bei Schwabthal sein. Die unauslöschlichen Spuren der Toten haben diesen Felsen geformt. An dieser Kreuzung hat ihre jammervolle Präsenz den steinigen Körper durchwunden, zersetzt und abgetragen. Ihre Kerben und Kratzer haben sich tief in den Fels gegraben und ihn quälend langsam ausgehöhlt.

Hier, fernab der Alltagsgeräusche unserer modernen Welt, hört der geneigte Besucher das Flüstern der Verstorbenen. Gefangen im Wind, der durch die Löcher im Felsen heult, und im klagenden

Raunen der Blätter an den Bäumen. So müssen es auch die Kelten empfunden haben, als sie diesen Ort in alten Zeiten aufsuchten. Sie spürten die Anwesenheit des Fremden und Furchteinflößenden. Sie erkannten das von den wartenden Toten verursachte Verschwimmen der Grenzen zwischen den Welten. Und so begannen sie, an diesem Ort der Jenseitigen zu gedenken und ihnen Opfer darzubringen. Funde von Klingen, Pfeilspitzen, Tier- und Menschenknochen lassen uns die schaurigen Opferrituale der Kelten erahnen. Bilder von brennenden Leibern in hölzernen Standbildern, von mit Pfeilen durchbohrten Körpern, von abgeschlagenen Köpfen und Gehängten in den ächzenden Bäumen fluten gewaltsam und grässlich unsere Vorstellung. Wir sehen zuckende Leiber sich im Todeskampf verkrampfend. Aus ihren ersterbenden Bewegungen und dem Ausströmen ihres Blutes erschließt sich den Priestern der Kelten, den Druiden, der Verlauf der Zukunft. So sehr uns Lebende dieses Grauen entsetzt, so ungerührt lässt es die Toten. All die Geopferten schließen sich unhörbar dem ewig leblosen Strom an und durchwandern als Neuankömmlinge die jenseitige Welt. Auch die Burgherrin, die der Sage nach einst auf dem Hohlen Stein residierte und zur Strafe für ihre Hartherzigkeit von ihrer einstürzenden Burg begraben wurde, reiht sich kaum vernehmbar in den unendlichen Fluss der Toten ein, wird von ihm aufgenommen und fortgetragen. Und so folgen die Toten weiter ihren Straßen. Unbeeindruckt von dem Tumult und den Sorgen der Lebenden, graben sich ihre Fußspuren immer tiefer in unsere Welt. Stück für Stück verschmelzen die beiden Wirklichkeiten miteinander, bis sie eines Tages eins werden.

DER HOHLE STEIN –
EIN VERBINDUNGSPUNKT
ZWISCHEN DEN WELTEN?

DIE HÖHLE

DIE JUNGFERNHÖHLE BEI TIEFENELLERN

Laut schreiend schrak er aus dem fiebrig grässlichen Traum hoch. Das Haar in schweißnassen Strähnen am Kopf klebend, die Fingernägel verkrampft in das Bettlaken geschlagen erwachte er in seiner kleinen, feuchtklammen Kammer direkt unter dem altersmorschen Dach des Wirtshauses. Die hölzernen Böden, Treppenstufen, Türen und Decken des windschiefen Gebäudes hauchten unter dem nagenden Appetit Abertausender Holzwürmer ächzend und stöhnend ihre brüchige Existenz aus. Ursprünglich war eine Übernachtung in diesem unscheinbaren, einen Tagesmarsch von Bamberg entfernten Ort gar nicht vorgesehen gewesen. Doch die faszinierenden Funde, die sein unermüdliches Graben in der zunächst unbedeutend wirkenden Höhle nahe des Ortsrandes zum Vorschein gebracht hatten, veranlassten den Archäologen dazu, seinen Aufenthalt in Tiefenellern zu verlängern.

Ungeachtet des furchteinflößenden Albtraums und der darauffolgenden schlaflosen Stunden stieg er am nächsten Morgen noch vor dem ersten Hahnenschrei erneut den Hang hinauf. Vorbei an den eindrucksvollen Felskolossen des Eulensteins führte ihn sein Weg in den Wald und geradewegs vor das Portal der Jungfernhöhle. Gleich dem weit geöffneten Maul einer triefgrünen, sich wegduckenden Kröte tat sie sich zwischen den Bäumen auf. Vorsichtig stieg der von Neugier getriebene Forscher hinab in den dunklen Schlund und begann, zu graben. Dumpf stieg ihm bei jedem Spatenstich, mit dem er den Höhlenboden Stück für Stück aufbrach, der Geruch jahrtausendealter Verwesung in die Nase. Schon nach wenigen Augenblicken setzte sich die Fundorgie des Vortages ungebremst fort. Er förderte Keramikscherben, Pfeilspitzen und Knochenreste zutage. Stand er inmitten einer steinzeitlichen Jagdstation? Hatten hier unsere Vorfahren vor Tausenden von Jahren ihre Jagdbeute zerteilt, um sie bequem in ihre Siedlung transportieren zu können? Er grub weiter. Da, wieder ein weißes Schimmern, das aus dem braunschwarzen Höhlenboden hervorlugte. Er legte den Spaten aus der Hand, wischte die Erde behutsam beiseite und erschrak. Schwarzleere Augen, einen teilweise zerschmetterten, menschlichen Schädel aushöhlend, glotzten ihn ausdruckslos an. Die Zerstörungen des Schädels waren nicht natürlichen Ursprungs. Sie waren mit außerordentlicher Brutalität zugefügt worden. Von Ekel erfasst, wollte der Forscher das Relikt frühmenschlicher Grausamkeit weit von sich schleudern. Doch seine Neugier hielt ihn davon ab. Statt den offensichtlichen Rest eines Opferrituals auf Abstand zu halten, nahm er ihn näher in Augenschein. Kerben und Schnitte überdeckten den blanken Schädel. Sie erinnerten ihn an das Aussehen der vom wohlschmeckenden Fleisch befreiten Knochen auf den Tellern fränkischer Wirtshäuser.

Die Erkenntnis traf den Archäologen mit schockierender Wucht. In seinen zitternden Händen hielt er den unauslöschlichen Beweis für frühzeitlichen Kannibalismus. Unangemeldet entleerte sich sein Magen, seinen halb verdauten Inhalt widerstandslos durch die Speiseröhre nach oben pressend, auf den Höhlenboden. Keuchend und spuckend suchte er Halt an einer der steinernen Wände. Der Schädel, den er weiterhin in der zitternden Hand hielt, glotzte ihn aus leeren, hypnotisierenden Augenhöhlen an.

In seinem Kopf ertönte eine machtvolle, sich alles untertan machende Stimme: „Grab weiter!“ Sich selbst und dem grausigen Schädel gehorchend legte er das knöcherne Fundstück behutsam beiseite und fuhr mit der Arbeit fort. Kurz darauf blitzte ihn der nächste blanke Schädel an. Auch dieser war grausam gespalten worden. Zu guter Letzt barg er einen dritten Schädel mit den gleichen, unverkennbar schändlichen Merkmalen. Fein säuberlich, das letzte Aufbäumen des Tageslichts ausnutzend, reihte er die Schädel nebeneinander auf dem Höhlenboden auf, stieg zurück an die Erdoberfläche und kehrte ins Wirtshaus zurück.

Auf dem Rückweg überkamen ihn sonderbare Emotionen. Einerseits erfüllte ihn geradezu ein jubelndes Hochgefühl über den unerwarteten Fund, der die Grenzen der bisherigen, wissenschaftlichen Erkenntnisse sprengte. Andererseits bemächtigte sich seiner der unheilvolle Gedanke, unerlaubt an der widerwärtig verkommenen Oberfläche des degenerierten, menschlichen Wesens gekratzt zu haben. Er litt unter der Vorstellung, als moderner Mensch die erbärmliche Hinterlassenschaft verabscheuungswürdiger, einander verspeisender Kannibalen zu sein, statt die bewundernswerte Krönung der Schöpfung darzustellen.

Im Wirtshaus angekommen stolperte er paralysiert die Stufen zu seiner Kammer hinauf und legte sich erschöpft ins Bett. Die besorgten Wirtsleute, die an seine Tür klopften und sich nach seinem Befinden erkundigten, schickte er fort. Das Essen, das sie vor seiner Tür für ihn abgestellt hatten, ließ er unangetastet. Von immer neuen grausigen Gedanken heimgesucht, fand er nach Stunden unruhigen Umherwälzens endlich in den ersehnten Schlaf.

Es dauerte nicht lange und die Albträume der letzten Nacht kehrten unbarmherzig zurück. Wollüstig schmatzend glitten sie am Fußende unter seine Bettdecke, krochen seinen Körper neugierig inspizierend hinauf und nisteten sich, durch seine Augen und Ohren fließend, in seinem Kopf ein. Die Mauern seiner Logik genüsslich Stein um Stein einreißend, verschafften sie sich Zutritt zu seinen Erinnerungen und Vorstellungen. Zuerst fand er sich inmitten einer grotesk anmutenden Zeremonie unmittelbar vor dem Portal der Jungfernhöhle wieder. Nackte Männer, die vor Dreck starrende Haut mit seltsamen Zeichen bemalt, tanzten um ein rot loderndes Feuer. Die Haare lang und verfilzt, ihre Körper unnatürlich verrenkend ähnelten sie wild gewordenen Derwischen. Ihn selbst bemerkten die eigenartigen Gestalten offenbar nicht. Er war unsichtbarer Zeuge des sich vor seinen Augen abspielenden, abstoßenden Spektakels. In der Mitte des Kreises, den die furchteinflößenden Geschöpfe tanzten, knieten drei junge Frauen. An Armen und Beinen gefesselt waren sie nicht in der Lage, sich zu bewegen, geschweige denn wegzulaufen. Das Grunzen und Schnauben der Tanzenden steigerte sich zu entartetem Gesang, je länger sie umherwirbelten. Immer enger zogen sie ihre Kreise um die drei Frauen.

Erst jetzt bemerkte der Forscher die hölzernen Keulen in den Händen der tollwütig umherhüpfenden Männer. Noch bevor er seine Blicke abwenden konnte, begannen die Tänzer, auf die Frauen einzuschlagen. Mit gezielten Hieben gegen die Schläfen ihrer Opfer ließen sie deren Schädel bersten. Was auf das Töten folgte, ließ den Träumenden erbeben. Einem unbekannten Ritus folgend zerteilten die Männer die leblosen Körper. Fleisch wurde auf Fleisch gestapelt, Knochen auf Knochen. Ganz so, wie sie es gewohnt waren, mit ihrer Jagdbeute zu tun, verfuhren sie nun mit ihren menschlichen Opfern. Fleischstücke wurden übers Feuer gehängt und Knochen genussvoll schlürfend das Mark entzogen. Um Erbarmen flehend wand sich der unsichtbare Beobachter in stiller Qual. Den Schmerz ungehört herausschreiend, brach er zusammen.

Endlich verschwamm die Schreckensvision vor seinen Augen. Er wurde aus dem Geschehen hinauskatapultiert und fand sich auf dem, der Jungfernhöhle nahe gelegenen Felsmassiv des Eulensteins wieder. Dort stand ein kleines Schloss. Am Tag und bei Bewusstsein war es ihm bisher noch nicht aufgefallen. Doch nun erschien es vor ihm. Hell und freundlich strahlte es in der Sonne. Davor standen drei junge Frauen und hängten, in fröhlich kicherndes Gespräch vertieft, ihre frisch gewaschenen Kleider auf. Bei näherer Betrachtung fiel dem Schlafenden auf, dass die Gesichter der drei Schönen denen der vor wenigen Augenblicken grausam geschlachteten Frauen bis aufs Haar glichen. Er wollte hinüberrennen und die Fremden vor dem Grauen warnen, das sie zu erwarten schien. Doch so sehr er sich bemühte, er kam nicht vom Fleck. Stattdessen packte ihn etwas und zog ihn, sich um die eigene Achse drehend, zurück. Mit solcher Kraft wurde an ihm gezerrt, dass sich seine nach hinten verjüngenden Gliedmaßen bizarr verformten und in die Länge gezogen wurden. Es

DIE JUNGFERNHÖHLE

war ein Strudel! Und er selbst wurde von ihm aufgesogen. Stumm schreiend verschwand er in dem Sog und erwachte hernach auf einem morastigen Feldweg.

Es war Nacht und es musste erst kurz zuvor geregnet haben. Die Nacht roch nach Herbst. Das welke Laub, vom Ostwind auf den Wiesen und Feldern verteilt, verströmte den nassen Duft alljährlichen Vergehens. Der Vollmond schob die leeren Wolken zur Seite und beleuchtete die Landschaft mit seinem kratervernarbten Glanz. Vor sich auf der Straße sah der träumende Forscher zwei Lichter einmütig hin und her tanzen. Sie kamen näher. Er hörte stampfendes Schlagen auf dem vom Regen aufgeweichten Feldweg. Aus dem Dunkel ins Mondlicht gezogen, raste eine offene Kutsche auf ihn zu. Schwarz wie die Nacht selbst, war die ganze Erscheinung. Nur die zwei flackernden Lampen rechts und links des Kutschbocks hoben sich von der Finsternis ab. Doch das war noch nicht das Schlimmste an dem Anblick. Die Pferde, der Kutscher, sogar die drei in der Kutsche sitzenden Frauen hatten keine Köpfe mehr. Starr vor Angst blieb der Schlafende auf dem Feldweg stehen. Selbst als das geisterhafte Gefährt mitten durch ihn hindurchfuhr, war er außerstande, sich zu bewegen. Doch statt dem zu erwartenden Aufprallschmerz spürte er dabei endlosen Kummer und eine überwältigende Traurigkeit. Schwarz füllte sie ihn von den Füßen her aus, wogte durch seine Beine nach oben, erfüllte seine Eingeweide, floss in seine Arme. Er schmeckte ihre Verzweiflung auf der Zunge, roch ihren fauligen Gestank, sah sie in seinen Augen nach oben steigen, hörte ihr dröhnendes Gurgeln und spürte, wie sie sein Gehirn flutete.

Gefangen in dieser endlosen Schwärze wurde er fortgetragen. Als er die Augen öffnete, stand er erneut vor der Jungfernhöhle. Lieblicher Frauengesang klang ihm aus dem Höhlenportal entgegen. Es waren keine Worte, nur eine Melodie. Sie wurde dreistimmig gesummt. Nach all dem Terror, dem er in der Traumwelt ausgesetzt worden war, zog ihn dieser zarte Klang umso unwiderstehlicher hinab in die Dunkelheit der Höhle.

Als sich seine Augen an das Zwielicht gewöhnt hatten, sah er vor sich die drei Köpfe auf dem Boden liegen. Ganz genau so, wie er sie bei Sonnenuntergang nebeneinander aufgereiht hatte. Doch nun waren es keine blanken Schädel mehr. Es waren unverkennbar die Köpfe der drei Frauen. Sie blickten ihn unverwandt an und summten weiter ihr Lied. Mit einem Mal wurden ihre Stimmen spitzer, geradezu kreischend. Immer lauter wurde ihr Geschrei. Dann warf ihre Haut Blasen. Es war, als würden die Köpfe gewaltiger Hitze ausgesetzt. Ihr Haar fing Feuer, ihre Augen schmolzen und das Fleisch floss von den Knochen wie heißes Wachs. Noch während der Träumende vor Entsetzen laut schreiend seinen Körper zuckend hin und her warf, wurde er erneut aufgesogen und fand sich augenblicklich wieder in der ersten Schreckensvision inmitten der enthemmt tanzenden Männer. Doch dieses Mal nicht auf Augenhöhe mit den Tanzenden. Dieses Mal blickte er von unten zu ihnen auf, rechts und links neben sich die beiden anderen Frauen.

INSPIRIERT VON HORST M. AUER: „KOPFLOSE JUNGFRAUEN“; FUNDORT GESCHICHTE – AUSFLÜGE IN DIE VERGANGENHEIT BAND 3, S. 19–21 UND HEINZ BÜTTNER: „DIE DREI JUNGFERN“, „DER POSTILLION“, „DER GESANG“; SAGEN, LEGENDEN UND GESCHICHTEN AUS DER FRÄNKISCHEN SCHWEIZ S. 375–376

AUF DEM FELSMASSIV DES EULENSTEINS
NAHE DER JUNGFERNHÖHLE

DIE TEUCHATZER LINDE

DIE GEISTERKUTSCHE

HARZIGER STEIN UND GROSSE LINDE BEI TEUCHATZ

Es war die dunkelste aller Nächte. Zerstörerische Windböen fuhren unerbittlich durch das Astkleid der wettertrotzigen Linde bei Teuchatz. Mensch und Tier wagten sich schon seit Langem nicht mehr hierher. Zu vieles trieb hier sein lebensraubendes Unwesen. Unvermittelt erschien ein pilzförmiger Lichtschein aus dem Nichts, der sich über dem Acker neben der Linde verwurzelte. Eine unsichtbare Kraft ließ aus dem schwachen Schein große Feuerzungen erwachsen, die der alten Linde eine flammende Aura verliehen und die Gegend in helles Licht tauchten. Plötzlich gab die unheilschwangere Stille seltsame Geräusche preis. Der Wind trug sie aus der Schlucht von Oberngrub hierher. Ohne Vorwarnung hämmerten Pferdehufe aus der Schlucht und stieben die über dem Acker hängenden, spinnennetzartigen Nebelschwaden dröhnend auseinander. Der nahe und bereits totenstille Wald verlor in diesem Moment sämtliche Lebensenergie. Eine geisterhafte, nachtschwarze Kutsche, gezogen von vier grausam skelletierten Pferdekadavern, polterte ohrenbetäubend näher. Flankiert wurde sie von einem unheilvollen Begleiter, einem rabenschwarzen Hund, in dessen Augen der Hass der gesamten Welt rotfeurig aufglomm. Auf dem Kutschbock saßen zwei dunkle Gestalten. Von den ledrigen Stiefelspitzen bis zum hochgeschlagenen Halskragen in nachtgraue, wehende Gewänder gehüllt, lenkten sie die Kutsche in Richtung ihres geheimnisumwitterten Ziels, der verfallenen Burgruine, die ganz oben auf dem Harzigen Stein thronend ihre letzten, steinernen Atemzüge aushauchte. Ein weinerliches Wehklagen entfuhr den Gestalten. Es kam nicht aus deren Mündern. Denn es gab keine Münder. Es gab nichts. Dort, wo normalerweise die Köpfe saßen, ergoss sich leerer, nebliger, luftleerer Raum. Wie von dunkler Magie genährt, entfleuchte den nicht vorhandenen

Mündern ein Ruf, so markerschütternd und angsteinflößend, wie ihn nur Untote von sich geben können: ein seelenarmes und qualvolles „Heh! Heh!“. Es trieb die Pferdegerippe an und die Kutsche und deren unheimliche Lenker verschwanden und wurden verschluckt von der eiskalten Nebelnacht. Doch dann und wann, wenn die taufeuchte Dunkelheit ihre weißen Schwaden wieder preisgibt, hört man des nächtens am Harzigen Stein weinerliches Flehen, und die Heh-Heh-Rufe der Untoten hallen unsäglich verzerrt durch die finstere Nacht bei der Teuchatzer Linde.

NACH HEINZ BÜTTNER: „DIE FEURIGEN MÄNNER AUF DEM HARZIGEN STEIN“, „DIE MÄNNER OHNE KOPF“, „DIE BURG AUF DEM HARZIGEN STEIN“, „DER HUND MIT DEN FEURIGEN AUGEN“; SAGEN, LEGENDEN UND GESCHICHTEN AUS DER FRÄNKISCHEN SCHWEIZ, S. 374-375

DER HARZIGE STEIN

DIE WALBURGIS-KAPELLE AUF DEM WALBERLA

SIEG DES LICHTS

DIE WALBURGIS-KAPELLE AUF DEM WALBERLA

Geifernd, sabbernd und Zähne fletschend umringten die Kreaturen die heilige Frau. Ihre mit langen Krallen bewehrten Klauen in den Boden schlagend, gruben und scharrten sie verbissen jaulend im Dreck. Wutschnaubend versuchten die Dämonen, den Bannkreis zu durchbrechen, der Missionarin habhaft zu werden. Wenn es ihnen gelänge, würden sie jeden einzelnen Knochen der Frau zu Staub zermahlen, sich an ihrem Blut und Gedärm laben und ihre stinkend reine Seele zerreißen. Widerlich, wie tugendhaft dieses Menschlein ihren Schreien und Krakeelen, ihrem Flüstern und Raunen widerstand und sie aus gefassten Augen gütig ansah. Ekelhaft, wie sie mit barmherzig ruhiger Stimme ihr Anliegen immer wieder von Neuem vortrug. Zuerst hatten sie ihren spitzen und ausgefransten Lauschern nicht glauben wollen, als diese Walburga, wie sich das unverschämte Menschlein nannte, kurz vor Erlöschen der letzten Sonnenstrahlen zu ihnen hinauf auf den Berg gestiegen war und ihre Stimme erhoben hatte. Um Hilfe hatte sie gebeten. Um Hilfe und Unterstützung beim Bau einer christlichen Kapelle. Und als ob das nicht schon anmaßend genug gewesen wäre, sollte das abscheuliche Gotteshaus auch noch auf ihrem eigenen Berg entstehen. Hier oben auf der Ehrenbürg. Wo dem Menschengewürm doch seit Urzeiten bekannt war, dass dieser Berg ihnen gehörte, den Dämonen, Hexen, Kobolden und Teufeln.
Nachdem auch die letzte, ihr Gehirn selbst verdauende Schreckgestalt begriffen hatte, dass es Walburga mit ihrem Anliegen tatsächlich ernst war, verfiel die ungläubig glotzende Schar in brüllend schallendes Gelächter. Dazu begannen sie, rhythmisch mit ihren Klauen, ihren Hufen, ihren Füßen und Pfoten einen irrwitzigen Takt zu stampfen. Die Horde aus entenfüßigen Trollen, flügelbewehrten Schweinen, echsenschwänzigen Gnomen, gehörnten Eulen, schnäbeligen Käfern und allerlei anderem höllischen Ungetier verfiel in einen ekstatischen Tanz. Dazu schlugen sie mit allen Armen, die sie jeweils ihr Eigen nannten, weiter im Takt. Mit Ästen auf Steine, mit Steinen auf Wurzeln oder gegen den Kopf des nächsten Tanzpartners. Alles war erlaubt, in diesem teuflischen Reigen.
Walburga, stark im Glauben, wurde schweigend Zeuge dieses grotesken Spektakels. Die Hände zum Gebet gefaltet, bat sie um göttlichen Beistand. Inmitten des infernalischen Schauspiels hob ein besonders kräftiger Dämon einen gewaltigen Felsen empor und schleuderte diesen unvermittelt der Missionarin entgegen. Gespannt auf den Moment, wenn der Stein die Frau träfe und die Wucht des Aufpralls ihre Eingeweide in hohem Bogen über die um sie herum tanzenden Kreaturen verteilen würde, folgten alle monströsen Blicke dem Stein. Dieser prallte, kurz bevor er sein Ziel

vernichtend treffen konnte, an einer unsichtbaren Barriere ab und fiel vollkommen unspektakulär zu Boden. Ein zwergenköpfiger Riese stemmte ebenfalls einen beachtlichen Stein in die Höhe und warf ihn Walburga entgegen. Doch auch dieser prallte an der göttlichen Barriere ab. Wieder und wieder schleuderten nun auch die anderen Höllenwesen Stein um Stein in Richtung der heiligen Frau, die ihnen, im Austausch dafür stets ein gütiges Lächeln schenkte. Außer sich vor Wut und Zorn stürmten die Bestien auf den Bannkreis ein. Sie hämmerten und traten dagegen, versuchten, von oben hineinzugreifen und sich einen Tunnel darunter hindurch zu graben. Doch all ihre Anstrengungen waren vergebens. Die Barriere hielt und schützte Walburga. Und es kam noch schlimmer für die teuflische Horde. Mit einem Mal wurde das gesamte Bergplateau in gleißend helles Licht getaucht. Manch einem der Nachtgeschöpfe brannte der blendende Schein weißglühend die verdampfenden Augen aus. Anderen riss das blitzartige Leuchten lichterloh brennend die Haut, das Fell oder den Schuppenpanzer vom Leib. Wieder andere schmolzen dort, wo sie standen, augenblicklich zu einem schwarzen, stinkenden Klumpen zusammen. Diejenigen, die halbwegs unversehrt blieben, fielen vor der Missionarin und ihrem himmlischen Beistand wimmernd auf die Knie und bettelten winselnd um Gnade. Walburga gewährte sie ihnen. Unter der Voraussetzung, dass sie ihr beim Bau der Kapelle auf dem Gipfel des Berges helfen würden. Im Angesicht ihrer drohenden Vernichtung gelobten die Dämonen ihre Unterstützung. Sie sammelten all die Felsen auf, die sie noch wenige Momente zuvor nach Walburga geworfen hatten, und errichteten daraus binnen weniger Stunden die Walburgis-Kapelle. Zum Dank dafür erhielten sie von der gütigen Walburga die Erlaubnis, jedes Jahr in der Nacht zum ersten Mai auf dem Berg, der später wie die Kapelle auf den Namen der Missionarin getauft wurde, ihrem unheiligen Treiben nachzugehen. Und so gehört das Walberla seitdem in der Walpurgisnacht den Hexen, Teufeln und Dämonen.

NACH HEINZ BÜTTNER: „WALBURGA BESIEGT BÖSE GEISTER"; SAGEN, LEGENDEN UND GESCHICHTEN AUS DER FRÄNKISCHEN SCHWEIZ S. 87–88

DIE UNGLÜCKLICHE MARIE

DIE ST.-MARTINSKIRCHE IN FORCHHEIM

Schrecklich war der Anblick der Knochen an der Kirchenmauer. Ihr blankes Weiß, beleuchtet von den im Wind tanzenden Fackellichtern, erhellte die Nacht. Der Friedhof im Schatten der Kirche war zu voll geworden. Die Pest, die Arm und Reich gleichermaßen dahinraffte, versorgte die Totengräber zuverlässig mit Arbeit. Täglich mussten neue Massengräber ausgehoben werden. Die dabei gefundenen, menschlichen Überreste wurden behelfsmäßig zusammengefügt und an der Mauer der Kirche St. Martin aufgehängt. Man brauchte Platz für all die neuen Toten, deren von aufgeplatzten Geschwüren gezeichnete Leiber schnell begraben werden mussten, um die Lebenden zu schützen. Da hingen sie nun, die vormals Verstorbenen. Ihre morschen Schädel verursachten ein eigentümlich dumpfes Klopfen, wenn der Wind sie beharrlich gegen die Mauer schlug. Und die Knochen sangen dazu ein verstörend schepperndes Klagelied.

Doch so furchterregend ihr Anblick und die Geräusche, die sie erzeugten, auch sein mochten, die vorüberziehenden Menschen ließen sie nahezu ungerührt. Im Angesicht des allgegenwärtigen Todes waren die Überlebenden abgestumpft. Statt für ihr Heil zu beten, genossen die bisher Unversehrten ihr Leben in vollen Zügen. Es wurde gezecht und gefeiert, als wäre der letzte Tag angebrochen. Und für viele von ihnen sollte es ja auch so sein. Wer morgens noch lachend über das Kopfsteinpflaster geschlendert war, lag abends oft schon in seinen faulig stinkenden Körpersäften und hauchte unter Qualen sein Leben aus. So feierten viele Forchheimer Bürger das am seidenen Faden hängende Leben.

Eine von ihnen war Marie. Den Tod hatte sie noch vor der Pest kennengelernt. Ihr Geliebter war ihr vom argen Schnitter genommen worden. Gleich reifem Korn hatte dieser ihn mit seiner Sense aus dem Leben und aus ihren Armen gerissen. Noch auf dem Totenbett hatte sie ihm in die Hand versprochen, ihm auf ewig die Treue zu halten. Die Trauer um den Verstorbenen hatte sie übermannt und in die Einsamkeit getrieben. Erst die Pest und die allgegenwärtige Trauer, die bald um sie herum herrschte, hatten Marie wieder in die Gemeinschaft zurückgeholt. Nun war sie nicht mehr allein in ihrem Leid. Und so sehr sie in den Monaten vorher gelitten hatte, so ausgelassen feierte sie nun ihre eigene, schmerzhafte Existenz. Nacht um Nacht vergnügte sie sich in den Spelunken. Nahm sich mal diesen, dann wieder jenen Mann mit ins Schlafgemach. Ihren Treueschwur vergessend genoss sie jeden Atemzug und jedes Gefühl, das ihren Körper und ihren Geist berührte.

Eines Nachts, die Schankstuben hatten bereits ihre Türen geschlossen, war sie mit einem neuen Liebhaber auf dem Weg nach Hause. Jeglicher Hemmung und Zurückhaltung vom Alkohol befreit, tanzte sie, als sie St. Martin passierten, zu Füßen der im Wind schaukelnden Skelette. „Nimm doch einen von ihnen an der Hand und bitte ihn zum Tanz!“, hatte ihr neuer Verehrer ihr hämisch zugerufen. „Du denkst wohl, ich trau mich nicht“, hatte Marie erwidert. „Und ob ich mich trau. Der Tod und ich sind alte Bekannte!“ Sie tänzelte zwischen den Gerippen hin und her. Ihre Finger strichen mal über den einen, dann wieder über den anderen Knochen. Eiskalt waren sie, von der Witterung porös und zerschlissen. Rau und rissig entlockten sie Marie einen Schauer. Schließlich griff sie nach einer Hand, packte sie und sprach „Mein Herr, darf ich um diesen Tanz bitten?“

Mit einem Mal verstummte der Wind. Unter den Gerippen kehrte gespenstische Ruhe ein. Marie hielt noch immer die weiße Hand in der ihren, als sich die knöchernen Finger plötzlich fest um ihr Handgelenk schlossen. Erschrocken versuchte sie, sich aus dem

Griff zu lösen. Doch es gab kein Entkommen. Entsetzt blickte sie auf die zum Leben erwachte Hand. Dann wanderten ihre Blicke hinauf. Ein Knirschen! Der Schädel des Toten drehte sich ihr langsam zu. Aus den leeren Augenhöhlen schien ihr endloser Schmerz entgegenzufluten. Er erfasste sie, bohrte sich in ihre Augen und in ihren Geist. Wie glühendes Eisen floss die Erkenntnis in ihren Verstand. Sie hatte die Hand ihres einstigen Geliebten ergriffen. Sie schrie. Nackte Angst und der unbändige Schmerz, als ihr die Seele aus dem Leib gerissen wurde, ließen sie schreien. Auf ewig! Auf ewig hatte sie ihm geschworen. Und nun nahm er sie mit sich. Sie schrie auch noch, als ihrem toten Mund schon lange kein Ton mehr entwich. NACH EINER MÜNDLICHEN ÜBERLIEFERUNG

DIE ZWÖLFTE MASKE

DIE KIRCHENBURG IN EFFELTRICH

Knarrend und ächzend kündigte der Dielenboden die fröhliche Faschingsgesellschaft an. Ihre Stiefel rutschen auf den von vergossenem Bier glatt geschmierten Brettern hin und her, während die ungehemmt lachenden und johlenden Närrinnen und Narren auf dem glitschigen Boden durch die Wirtsstube zum Schanktisch schlitterten. Silberne Münzen klimperten auf dem Tresen und süffiger Gerstensaft vergoldete die vom Singen und Grölen rostig gewordenen Kehlen. Der Wirt schenkte den jungen Leuten einen um den anderen Krug großzügig ein. Und die Burschen und Mädchen lehrten sie bereitwillig.

Es war die Nacht zum Aschermittwoch. Von alters her hat diese Nacht eine besondere, religiöse Bedeutung. Kein Wunder, beginnt doch um Mitternacht, wenn der Faschingsdienstag in den Aschermittwoch übergeht, die Fastenzeit. 40 Tage lang, bis zum Osterfest, wird dann Verzicht geübt. Ganz im Sinne des Fastens von Jesus in der Wüste, der während dieser Zeit vom Teufel versucht worden war und all dessen Verlockungen widerstanden hatte.

In eben einer solchen Faschingsdienstagnacht zog die Dorfjugend Effeltrichs, angetan mit fröhlich bunten Masken und leuchtenden Umhängen, von einem Wirtshaus zum nächsten und trieb ihren wilden Schabernack. Elf Burschen und elf Mädchen waren es. Zusammen waren sie bis tief in die Nacht unterwegs. Mit Bierkrügen bewaffnet, die sie kurz vor Mitternacht noch beim Besuch des letzten Wirtshauses mitgenommen hatten, torkelten sie, wüste Lieder singend, durch die dunkle Nacht und ließen sich schließlich unter den knorrigen Ästen der alten Tanzlinde in der Ortsmitte nieder. Dort feierten sie, entgegen den kirchlichen Weisungen, auch noch, als die Glocke der Kirchenburg Mitternacht schlug und die Fastenzeit einläutete.

Als die Glocke verstummte, erhob sich in ihrer Mitte ein schwarzer Schatten. Er schien regelrecht aus der Finsternis emporzufließen. Die Burschen und Mädchen rieben sich verwundert die Augen. Spielten ihnen ihre vom Bier benebelten Sinne einen Streich? Nein, dort mitten unter ihnen stand tatsächlich ein zwölfter Bursche. Und auch er trug eine Maske. Doch diese Maske war nicht bunt und fröhlich. Stattdessen leuchtete sie feuerrot und war gar nicht so lustig wie die der anderen Narren. Vielmehr stellte sie ein zur schrecklichen Fratze verzerrtes Grinsen dar. Tiefe Furchen klafften darin und erinnerten an grausame Schnitte, die die natürlichen Formen aufgebrochen und entartet hatten.

Blankes Grausen machte sich unter den jungen Leuten breit. Auf die zitternd gestellte Frage, wer er denn sei, antwortete der Fremde nicht. Er stand nur stumm in ihrer Mitte, blickte mit rot funkelnden Augen unter der Maske hervor und musterte sie einen nach dem anderen. Um dem Unbekannten doch noch auf die Schliche zu kommen und sein unergründliches Erscheinen womöglich als üblen Streich zu enttarnen, nahmen alle Verkleideten ihre Maske ab. Doch in dem Moment, als die Masken fielen, verschwand der Unbekannte und es waren wieder nur elf Burschen. Als sie die Masken wieder aufsetzten, war der zwölfte Bursche plötzlich erneut mitten unter ihnen.

Da wurde ihnen klar, dass sie mit ihrem Fehlverhalten etwas Böses heraufbeschworen hatten. Von Furcht gepackt eilten sie der nahen Kirchenburg entgegen. Wie groß war ihr Entsetzen, als sie sich umdrehten und feststellten, dass ihnen der zwölfte Maskierte folgte. Voller Panik rannten sie durch das Burgtor und verschlossen es, so schnell sie konnten. Ein kurzer Moment Stille. Dann, von einer Sekunde auf die andere, schlug etwas mit gewaltiger Wucht von außen gegen das Holztor. Wie ein Donnergrollen aus den Tiefen der Hölle ließ dieser Aufprall den Boden erzittern. Dazu erhob sich vor der Kirchenburg ein wilder Sturm, der mit aller Macht gegen das Tor drückte. Fast schien das Holz unter der höllischen Gewalt zu zerbersten. Wieder und

wieder schlug und hämmerte es von außen grausam gegen das Tor. Doch es gelang dem Unheiligen nicht, in den Kirchenhof zu gelangen. Nach einer gefühlten Ewigkeit, in der sich die Jugendlichen in Todesangst aneinanderklammerten, ebbte der Spuk ab und verstummte schließlich ganz.

Als der Morgen graute, öffneten die Burschen und Mädchen zitternd das Tor. Der zwölfte Maskierte war verschwunden. Doch zierte von diesem Tag an ein gewaltiger Hufabdruck die hölzerne Front des Tores und mahnte die Dorfjugend noch viele Jahre, am Faschingsdienstag nur bis Mitternacht und nicht darüber hinaus zu feiern. NACH HEINZ BÜTTNER: „DIE ZWÖLFTE MASKE"; SAGEN, LEGENDEN UND GESCHICHTEN AUS DER FRÄNKISCHEN SCHWEIZ, S. 65–66

DIE MAUERN DER KIRCHENBURG IN EFFELTRICH

SCHANDORT

DER GRAUSAME TÜMPEL BEI GESCHWAND

Endlich in Sicherheit! Ihre kümmerliche Habe im Schutz der hoch aufragenden Felsen unter feuchtem Laub verbergend, atmeten die Bewohner von Geschwand erleichtert auf. Sie hatten es geschafft und waren dem drohenden Wüten der französischen Soldaten entkommen. Nun galt es Ruhe und Stille zwischen den Felsen zu bewahren. Kein unbedachter Laut durfte aus dem kleinen Tal nach außen dringen. Größere Kinder wurden eindringlich zum Schweigen ermahnt, Säuglinge in mit dickem Stoff ausgekleidete Körbe gelegt. Kein Feuer wurde entfacht, um die in die Kleidung kriechende Nachtfeuchte zu vertreiben. Lichtschein und Rauch hätten die Aufmerksamkeit der Eroberer wecken können. Stattdessen rückten die bedauernswerten Gestalten enger zusammen, um ihre vor Angst und Kälte schlotternden Körper gegenseitig zu wärmen.

So kauerten sie Stunde um Stunde bis tief in die Nacht hinein inmitten des Felsenkessels. Ihre Köpfe unter dem alles vernichtenden Terror wegduckend, der über ihre Heimat gekommen war. Keiner von ihnen wagte es, aufzuschauen. Zu groß war die Angst, von den Franzosen entdeckt zu werden. Seitdem die Besatzer in der Fränkischen Schweiz einmarschiert waren, hatten sie ein ums andere Dorf heimgesucht, geplündert und gemordet. Gottlos, wie sie als Kinder der Französischen Revolution erzogen worden waren, schändeten die Eindringlinge die Kirchen und steckten sie in Brand. Doch nicht nur das. Von den Gräueln des Krieges jeglichen Mitgefühls beraubt, nahmen sie sich mit roher Gewalt, was immer sie begehrten. Und da die Bauern selten mehr besaßen als das, was sie am ausgemergelten Leib trugen, raubten die Soldaten in den fränkischen Dörfern Menschen: Mädchen, um sich mit ihnen zu vergnügen, und junge Männer, um sie ihrer umherziehenden Armee einzuverleiben. Alle anderen wurden

gnadenlos niedergemacht. Auf ihrem Weg hinterließen sie nichts als verbrannte Erde.
Und nun waren sie nahe Geschwand gesichtet worden. Aus dem Trubachtal emporsteigend, pflügten sich die feindlichen Truppen durch den Wald. Bald hörten die im Felsenkessel Verborgenen das Lärmen und Toben der Plünderer in ihrem Dorf. Der Geruch von Feuer und Rauch nistete sich unbarmherzig in ihren Nebenhöhlen ein. Ihr Dorf brannte. Die rot glühenden Flammen erhellten den Nachthimmel und tauchten ihre kleine Welt in wortloses Entsetzen. Leise schluchzend und wimmernd verharrten sie in ihrem fleischgewordenen Albtraum. Ihre Leiber eng umschlungen, zu einem Gewirr aus Köpfen, Rümpfen, Armen und Beinen geworden, träumten sie davon, zu einem starken Ganzen zu verschmelzen. Einem gewaltigen Etwas, das furchtbare Rache an den Zerstörern nehmen würde. Einem Wesen, dessen grauenerregender Anblick jeden Nerv ihrer Peiniger durchzucken und zerreißen würde. Dergestalt würden sie sich wie ein Mann erheben und die Schlächter hinwegfegen.
Doch es geschah nichts. Sie kauerten weiterhin starr zu einem menschlichen Knäuel verwoben in der Dunkelheit. Nur die Hoffnung darauf, den nächsten Tag unbeschadet zu erleben, ließ sie weiteratmen. Stunden waren vergangen, als sich ein dünnes Rinnsal, behäbig von Stein zu Stein tropfend, unvermittelt seinen Weg von der oberen Felskante hinunter in das kleine Tal bahnte. Der feindliche Soldat, der dort oben am Rande des Tals seine Blase entleerte, schien sie noch nicht bemerkt zu haben. Doch als der Nachtwind von unten ein erleichtertes Seufzen an sein Ohr trug, hob der Franzose alarmiert seine Laterne und leuchtete damit drohend flackernd in die Tiefe hinab. Er hatte sie entdeckt! Seine Tod verheißenden Rufe nach seinen Kameraden durchdrangen die feuerrote Nacht wie ein Messer, das einen Fischbauch aufschlitzt. Binnen weniger Augenblicke stürmten die Franzosen im Blutrausch den Kessel.
Nachdem das schändliche Morden geendet hatte, verscharrten die Soldaten die Leichen der Geschwandener Bürger an Ort und Stelle und zogen davon. Zur Erinnerung trägt der Schandort bis heute den Namen „Grausamer Tümpel". Die Erinnerung an das Verderben der Unschuldigen hat sich in den Fels gefressen und tiefe Krater darin hinterlassen. Das Moos an den Bäumen strebt als an Tränen erinnernde Fetzen dem Waldboden entgegen und mahnt vor dem Bösen, das diesen Ort heimgesucht hat und die Seelen der Erbarmungswürdigen noch immer fest umklammert hält.

INSPIRIERT VON DEM INFORMATIONSSCHILD IM „GRAUSAMEN TÜMPEL"

IM FELSENKESSEL DES GRAUSAMEN TÜMPELS

WAHNSINNIG!

BURGRUINE NEIDECK BEI STREITBERG

„Verfluchte Ratte! Verschwinde, verschwinde! Mein Essen, meins!" Das Nagetier grub seine spitzen Zähne tief in seinen Finger. Der Mann schrie. Blut quoll hervor. Gierig leckte die Ratte das kostbare Rot aus dem Biss. Die raue Zunge des Tieres riss haarfeine Wunden in das offenliegende Fleisch. Er schüttelte das Tier brutal ab und schleuderte es in die Dunkelheit. Gereizt wiederholte der Nager die Attacke. Wieder schrie der Mann, der nackt auf dem mit Stroh ausgelegten Boden lag. Vollgesogen mit Urin, verströmten die klammen Getreidehalme einen beißenden, die Sinne betäubenden Geruch. Die Feuchtigkeit kroch in die Mauern, floss zwischen den Steinen hin und her und tropfte ätzend von der Decke. Legionen von Ungeziefer hatten in der modrigen Zelle ein neues Zuhause gefunden. Insekten tummelten sich im Stroh und fraßen gierig die Exkremente des Gefangenen. Wieder und wieder trat und schlug er wütend in die Dunkelheit. Doch keiner der Tritte traf mehr seinen kleinen Feind. Der hatte sich, satt vom Menschenblut, schon längst wieder in sein Versteck zwischen den Mauersteinen zurückgezogen. Nach einer Weile kroch der Gefangene greinend in eine Ecke, während er einen alten Kanten Brot wie eine Trophäe über dem Kopf schwenkte. Seine langen, zerzausten Haare aus dem Gesicht wischend, öffnete er den Mund und entblößte dabei lichte Reihen faulig schwarzer Zahnreste. Der Speichel floss ihm triefend aus den Mundwinkeln. Dann biss er in das vom Schimmel zerfressene Brot, genoss sabbernd und schmatzend sein Mahl und schlief ein. Von Krämpfen geschüttelt erwachte er. Waren Stunden vergangen, oder Tage? Er wusste es nicht. Und es war ihm auch egal. Da war nur der Schmerz, der sich durch seine Eingeweide grub. Er erbrach sich, schlief, erbrach sich und litt. Ganz so, wie es ihm sein Herr, der Graf von Neideck zugedacht hatte. Maßlos in seiner Rachsucht hatte dieser den bedauernswerten Burgkaplan ins Verlies werfen lassen,

DER WOHNTURM DER BURGRUINE NEIDECK

BURGRUINE NEIDECK

machte er den Geistlichen doch für den Verlust seiner geliebten Tochter verantwortlich. Schließlich hatte dieser die junge Frau, gegen den Willen ihres Vaters, mit ihrem Geliebten vermählt.
Jahr um Jahr verging. Schon längst war der Wahnsinn dem Gefangenen ins Gehirn gekrochen, hatte sich gleich einem nimmersatten Parasiten am Verstand des einst gebildeten Geistlichen satt gefressen. Fett und feist bohrte er seine langen Tentakel in das schmerzvoll zuckende Gewebe, zerriss hier erlerntes Wissen, zerfetzte dort Erinnerungen und ließ Grauen und Entsetzen zurück. Irgendwann verstummten mit seinen Schreien auch die Erinnerungen, die fortan nur noch in seinem Kopf tönten. So wurde es still im Verlies. Und er wurde vergessen.
Dann kam der Tag, an dem die Burg Neideck belagert und erobert wurde. Während der Plünderung öffneten die Sieger auch die Tür zum Burgverlies. Als das Tageslicht die Zelle flutete, zerriss ein markerschütternder Schrei die Finsternis. Ein Schatten erhob sich. Herausgelockt aus dem lähmenden Schweigen stakste der Burgkaplan ausgemergelt und über und über mit Schmutz bedeckt auf die in der Tür stehenden Landsknechte zu. Langsam öffnete er die Augen. Gleich einem Sog unendlichen Leids ließ der Anblick die Betrachter wanken und sich in dem Nichts, das einst der Verstand des Geistlichen gewesen war, verlieren. Man brachte den Bemitleidenswerten zu den Mönchen nach Muggendorf, wo er in geistlicher Obhut verschied. Ob seine gequälte Seele jemals Ruhe finden oder auf ewig zwischen den Mauern der Ruine Neideck umherstreifen und seinen Verstand suchen wird? Wer weiß …

NACH HEINZ BÜTTNER: „DAS BURGFRÄULEIN AUF NEIDECK“; SAGEN, LEGENDEN UND GESCHICHTEN AUS DER FRÄNKISCHEN SCHWEIZ, S. 369–370 F.

DAS VERLIES?

ZU SPÄT

DIE STEMPFERMÜHLENQUELLEN BEI GÖSSWEINSTEIN

Am Fuß des Gößweinsteiner Burgbergs sprudeln drei kristallklare Quellen. Zwei entspringen dem Fels des Berges. Die dritte entsendet ihr perlendes Nass aus dem sandigen Bachbett. Alle drei vereinen sich und strömen munter fließend dem blaugrünen Lauf der Wiesent entgegen. Dort unten in der nassen Kälte des Felsens lebten die Quellnymphen. Anmutige und unschuldige Wassernixen, die, getrieben von kindlicher Neugierde, immer wieder verstohlene Blicke in die Welt der Menschen wagten.

Eines Nachts wurde auf Burg Gößweinstein die Verlobung der Tochter des Burgherrn mit einem angesehenen Grafen aus dem Steigerwald ausgelassen gefeiert. Entzückt von der aus der Burg ins Tal schallenden Tanzmusik nahmen die drei Quellnymphen all ihren Mut zusammen, entstiegen ihrem nassen Zuhause und machten sich von der Stempfermühle auf den Weg hinauf zur Burg. Die fröhliche Musik und das heitere Gelächter der Gesellschaft hatten die Neugierde der zartgliedrigen Wassergeister geweckt. Blanken Fußes ihr Quellenheim verlassend, lenkten sie ihre zierlichen Schritte den steilen Hang hinauf. Ein sanfter Glanz schien die Silhouetten der drei zärtlich zu beschreiben und illuminierte ihren Weg. Der schmale Pfad, dem sie zielstrebig folgten, wand sich geschwungen nach oben, passierte bald die majestätisch grauen Felsen des Burgbergs und führte sie geradewegs vor das Burgtor.

Dort waren die erstaunten Wachen derart von der Schönheit der drei Naturwesen fasziniert, dass sie ihnen anstandslos Einlass gewährten. Beseelt von dem Wunsch, an dem ausgelassenen Treiben teilzuhaben, durchschritten sie das Tor und betraten staunenden Auges den Burginnenhof. Derartiges hatten die drei noch nicht erblickt. Weiße Wände, kantige Zinnen und hohe Türme, geschmückt mit bunten Girlanden und leuchtenden

DIE STEMPFERMÜHLE IM WIESENTTAL UND DARÜBER BURG GÖSSWEINSTEIN

Lampions. Überall flackerten vielfarbige Kerzen und tauchten den Hof in betörend schönes Licht.
Sie folgten dem Stimmengewirr und der Musik in den Festsaal, wo sie dank ihrer natürlichen Schönheit und Eleganz aufs Herzlichste empfangen wurden. Man servierte ihnen die feinsten Speisen und kredenzte ihnen den süßesten Wein. Sie tanzten, kokettierten und scherzten mit den anderen Gästen und waren die Zierde des Festes. Doch als der Morgen dämmerte und der erste Hahnenschrei erklang, fuhren die drei Nymphen erschrocken zusammen. Mit einem Mal schienen die bezaubernden Geschöpfe aller Lebenslust beraubt und von wortlosem Entsetzen gepackt worden zu sein. Panisch ließen sie ihre überraschten Tanzpartner allein im Festsaal zurück und hasteten aus der Burg. Fieberhaft eilten sie über den Felsensteig hinab ins Wiesenttal und sprangen dort in die vermeintlich rettenden Fluten ihrer drei Quellen. Ein liebestrunkener Junker war ihnen bis zum Fluss gefolgt. Als er das Ufer erreichte und in den Wasserspiegel sah, wallte ihm aus der Tiefe ein leuchtend roter Blutstrom entgegen. Die Nymphen hatten gegen das Gebot verstoßen, vor dem ersten Hahnenschrei zurück im Wasser zu sein, und wurden dem Brunnengesetz entsprechend gnadenlos bestraft. NACH KARL BRÜCKNER: „DIE DREI NYMPHEN DER STEMPFERMÜHLENQUELLEN"; AM SAGENBORN DER FRÄNKISCHEN SCHWEIZ, S. 61–64

EINE DER DREI STEMPFERMÜHLENQUELLEN

DIE GEHEIMNISVOLLE STEINPLATTE

DIE KAPELLENRUINE ZUM HEILIGEN BÜHL

Sanft pflügte die messerscharfe Klinge langgezogene Schnitte in seine Haut. Der geübte Folterknecht führte sein Werkzeug mit Bedacht durch den kopfüber hängenden Leib. Das bedauernswerte Opfer hieß Bartholomäus und war ein Jünger Jesu. Dessen Lehre hinaus in die Welt tragend, hatte Bartholomäus die Tochter des armenischen Königs von ihrer Besessenheit befreit und dadurch das armenische Volk zum christlichen Glauben geführt. Der Bruder des Königs, den alten heidnischen Göttern treu ergeben, hatte Bartholomäus daraufhin ins Verlies werfen lassen und ein grausiges Urteil über ihn verhängt: Häutung bei lebendigem Leib und anschließende Kreuzigung mit dem Kopf der Erde zugewandt.

Sogleich begann der Folterknecht, erfüllt von krankhaftem Enthusiasmus, sein blutiges Werk. Doch dieses Mal brachte ihm seine Arbeit keine Genugtuung. Denn Bartholomäus gab während seiner sinnesraubenden Häutung keinen Laut von sich. So holte der Folterer, der Verzweiflung nahe, seine Kollegen zu Hilfe. Sie trennten die Haut Bartholomäus' sorgfältig in einem Stück von den Muskeln und Sehnen, um der Kehle des Opfers doch noch die gewohnten Schmerzensschreie zu entlocken, die ihnen ihre ersehnte Befriedigung verschaffen sollten. Doch zu ihrer aller Enttäuschung geschah nichts. Das Opfer blieb stumm und richtete seinen Blick während des gesamten grausamen Vorgangs vergebend auf seine Peiniger.

So verging Stunde um Stunde, bis der geschundene, enthäutete und schließlich kopfüber gekreuzigte Körper endlich seine Seele in die Erlösung freigab. Während der verblendete Bruder des Königs mitsamt seinem Gefolge von Dämonen heimgesucht wurde und elendig verging, wurde Bartholomäus, der Heiler der Besessenen, von den Menschen für seine Taten und sein erlittenes Martyrium verehrt.

Viele Jahrhunderte später wurde ihm zu Gedenken mitten im Wiesenttal zwischen Engelhardsberg und Wölm eine kleine Kapelle erbaut. Deren Altar schmückte eine steinerne, viereckige Deckplatte. Darin eingemeißelt waren fünf Kreuze, eins in jeder Ecke und ein großes in der Mitte. Niemand kannte den Ursprung dieser Steinplatte. Keiner der Steinmetze erinnerte sich daran, sie je gefertigt oder gar in den Altar eingesetzt zu haben. Manch einer brachte den Heiligen Bartholomäus selbst mit deren Erscheinen in Verbindung.

Immer mehr Anhänger gewann diese These, als eines der Kreuze während des blutrünstigen Bauernkriegs im Jahr 1526 eines Nachts spurlos von der Platte verschwand. Denn das Kreuz war nicht einfach erloschen. Der Heilige Bartholomäus selbst war dem alten Mönch, der die Kapelle pflegte, erschienen. Enthäutet, ein Messer in der Hand und seine abgezogene Haut wie einen Mantel um sich geschlungen, strich er mit der bloßgelegten Hand über die Steinplatte und tilgte eines der Kreuze von deren Oberfläche. Kurz darauf endete das blindwütige Morden. Damit hatte Bartholomäus, so glaubten die Leute, die vom Blutrausch besessene Menschheit gereinigt und dafür ein Kreuz aus der heiligen Steinplatte mit sich genommen.

Die Jahre vergingen und das Böse gelangte erneut in die Welt. Der Dreißigjährige Krieg verschlang Land und Leben. Im Angesicht dieses Grauens, das ganze Regionen entvölkerte, erschien Bartholomäus erneut. Wieder verschwand ein Kreuz von der Steinplatte, die inmitten der mittlerweile verfallenden Kapellenmauern lag. Wieder endete die Besessenheit der Menschen und es kehrte Frieden ein. Ebenso geschah es, als Napoleon, besessen von unerbittlicher Machtgier und getrieben von grenzenlosem Ehrgeiz, ganz Europa mit Krieg überzog. Nachdem das dritte

DIE KAPELLENRUINE HEILIGER BÜHL

der fünf Kreuze verschwunden war, endete auch dieses Blutvergießen und der französische Kaiser versank mitsamt seinen Dämonen in der Verbannung.
Einige Male wurde die Platte aus der Kapellenruine entwendet. Doch immer wieder kehrte sie wie von Geisterhand zurück an ihren angestammten Ort. Nur noch zwei Kreuze waren übrig. Diese nahm die Erscheinung des Bartholomäus' an sich, als die beiden Weltkriege endeten, die im 20. Jahrhundert aus der Besessenheit und der Verblendung der Menschen erwuchsen. Zu guter Letzt, es war kein Kreuz mehr übrig, verschwand die Steinplatte selbst. Wer wird uns nun vor der Besessenheit der Menschen schützen?

NACH VEIT BRONNENMEYER: „DIE FÜNF KREUZE DES BARTHOLOMÄUS", DAS WÜTIGE HEER AM WALBERLA, S. 56/57

GEBEINE

DAS BEINHAUS IN WAISCHENFELD

Im Schatten des Steinernen Beutels, dem felsigen Wahrzeichen von Burg Waischenfeld, ruhen im Beinhaus unter der St.-Anna-Kapelle die Totengebeine des vor fast 200 Jahren aufgelassenen Pfarrfriedhofs.

Seltsam wird es einem zumute, wenn man durch das vor dem Kellergewölbe angebrachte Gitter einen Blick auf die sorgsam aufgeschichteten menschlichen Knochen wirft. Der Stapel wird von zerbrochenen Schädeln gekrönt. Grünlicher Schimmer taucht den Raum in eigenartiges Licht. Obwohl ein solcher Anblick für uns Menschen der Gegenwart befremdlich ist, strahlt das Beinhaus eine seltsame Ruhe aus. Die Faszination der Vergänglichkeit vor Augen verharrt der Betrachter in andächtiger Ruhe. Und es stellt sich die Frage nach dem Warum. Warum wurden hier und andernorts Gräber geleert und die Knochen der Verstorbenen in und unter Kirchen und Kapellen aufgeschichtet?

Die einfache und wenig geheimnisvolle Erklärung ist der begrenzte Platz auf den Friedhöfen. Diese wurden in alten Zeiten üblicherweise rings um die Kirche angelegt, damit die Toten an der segensreichen Wirkung von Reliquien und an gottesdienstlichen Handlungen Anteil haben konnten. Dabei begrenzte der in realen Distanzen bemessene Wirkungskreis von Reliquien die Größe eines Friedhofs. Um der Überbelegung Herr zu werden, die Toten aber nicht aus dem Wirkungskreis der Reliquien verbringen zu müssen, legte man innerhalb des Kirchhofs Beinhäuser an. Dorthin wurden ältere Gebeine gebracht, die bei der Neuanlage von Gräbern oder beim Auflassen eines Friedhofs gefunden wurden. So blieben die Überreste der einzelnen Verstorbenen in der Gemeinschaft und erwarten dort die Auferstehung am jüngsten Tag.

NACH HAUKE KENZLER: „TOTENBRAUCH UND REFORMATION – WANDEL UND KONTINUITÄT“

DAS BEINHAUS IN DER ST.-ANNA-KAPELLE

DAS VERDREHTE GESICHT

DAS KRÄMERSLOCH BEI BREITENLESAU

„Heute kommst du mir nicht aus, heute bist du an der Reihe, altes Weibsstück!“, giftete der Geldverleiher Seligmann gehässig im Selbstgespräch. Er war auf dem Weg zur Witwe Pfaffenheim, die vor wenigen Tagen ihren verstorbenen Mann voller Trauer zu Grabe tragen musste. Bedauernswerterweise hatte dieser zu Lebzeiten einen stattlichen Berg Schulden angehäuft und diesen

DAS KRÄMERSLOCH BEI BREITENLESAU

würde Seligmann heute bei der Pfaffenheimerin auf Heller und Pfennig eintreiben.
Im Zwielicht der Abenddämmerung, die über die schmalen Gassen des kleinen Örtchens Aufseß hereinbrach, bahnte sich der Geldverleiher den Weg zum Haus der armen Frau. Jeder, der ihn sah, blickte voller Argwohn auf ihn. Die Dorfbewohner verachteten ihn. Denn er war ein gieriger Mann, der nicht davor zurückschreckte, auch den ärmsten Schuldner auszubeuten. Doch das war nicht immer so. Einst verdiente Seligmann sich als armseliger Straßenverkäufer sein Hungerbrot. Die Dörfler hatten Mitleid mit ihm und unterstützten ihn durch ihre wohlwollende Kaufbereitschaft. So konnte er sich ein bescheidenes Leben aufbauen, stieg im Lauf der Jahre zum erfolgreichen Viehhändler auf und wurde schließlich, durch seine Gier jeden Anstandsgefühls beraubt, zum skrupellosen Geldverleiher.
Bald hatte er das Haus der Pfaffenheimerin erreicht und klopfte an die Tür der verarmten Witwe. Zögerlich öffnete diese die knarzende Tür. „Was in Gottes Namen führt Dich hierher, Du geldgieriger Tunichtgut?“, schimpfte sie ihm entgegen. „Du darfst heute bei mir Deines Gatten Schulden begleichen, garstiges Weib“, sprach der Geldverleiher böswillig grinsend und hielt der armen Frau den Schuldschein mit der Unterschrift ihres Mannes unter die Nase. Völlig außer sich, dass es der Geldverleiher wagte, sie in der Stunde tiefster Trauer mit seiner Habgier zu konfrontieren, ließ sie ihrer Wut und Trauer freien Lauf und zeterte los: „Du böser Mensch, denkst nur an Deinen Vorteil! Besuchst mich in der dunkelsten Stunde, da mein Mann soeben erst unter die Erde gebracht wurde! Dein Reichtum hat jegliches Mitgefühl in Deinem verdunkelten Herzen verzehrt! Verflucht sollst Du sein! Nie wieder sollst Du gierige Blicke auf deine Schuldner werfen können. Der Teufel selbst soll Dir Dein Gesicht auf den Rücken drehen und die Menschheit soll nimmermehr Dein böses Antlitz erblicken und vor Dir zittern müssen!“ Sie warf ihm ihre letzten Münzen entgegen und schlug ihm die Tür vor der Nase zu.
Seligmann sammelte die Münzen auf und zog ohne Reue von dannen. Von derartiger Flucherei seiner Schuldner wurde er nicht mehr beeindruckt, war es doch zu seinem unseligen Tagesgeschäft geworden. Auf seinem Heimweg verdunkelte sich der Abendhimmel drohend, ein Gewitter schien sich anzukündigen. Das fröhliche Vogelgezwitscher und sogar der säuselnde Wind verstummten. Eine bedrückende Stille legte sich über das Land. Der Geldverleiher spürte eine unheilvolle Anwesenheit. Er drehte sich um und erkannte einen Steinwurf entfernt eine finstere Gestalt, die ihm auf Schritt und Tritt folgte. Seligmann war‘s plötzlich nicht mehr geheuer. Des Fremden Schritte taten keinen Laut, ein Gesicht schien unter der tief heruntergezogenen Krempe seines schwarzen Hutes nicht zu existieren.
Da, ein Donnerschlag! Ein greller Blitz fuhr knapp hinter der gräulichen Gestalt in den Boden. „Was zur Hölle ...!“, rief der Geldverleiher und lief los, so schnell ihn seine Beine trugen. In seiner Panik erinnerte er sich an eine Höhle nahe Breitenlesau, in der er sich vor der Gestalt verstecken könnte. Angsterfüllt stolperte er der Höhle entgegen, erreichte diese und tauchte tief in die verbergende Finsternis ein. Ein weiterer Blitzschlag, gefolgt von einem ungeheuren Donnergrummeln tauchte den Höhleneingang kurz in gleißendes Licht. Darin erblickte der Geldverleiher geschockt die Umrisse seines dunklen Verfolgers. Geisterhaft huschte der Teuflische herbei, stand plötzlich neben Seligmann, packte ihn am Schopf und drehte ihm sein entsetztes Gesicht mit einem ruckartigen Knacken auf den Rücken. Der Teufel lachte höllisch auf und war im selben Augenblick verschwunden. Auf den Höhleneingang jedoch fuhren drei Blitze mit voller Wucht herab und ließen ihn unter ohrenbetäubendem Getöse in sich zusammenstürzen. So sitzt der bestrafte Geldverleiher noch heute im Krämersloch und starrt mit verdrehtem Kopf die steinerne Wand an.

NACH ELMAR TANNERT: „DER JUDE IM KRÄMERSLOCH“; DAS WÜTIGE HERR AM WALBERLA – SAGEN AUS DER FRÄNKISCHEN SCHWEIZ, S. 12-13 UND HEINZ BÜTTNER: „DER JUDE IM KRÄMERSLOCH“ SAGEN, LEGENDEN UND GESCHICHTEN AUS DER FRÄNKISCHEN SCHWEIZ, S. 23

DAS HOCHGERICHT VON POTTENSTEIN

GEHENKT

DAS POTTENSTEINER HOCHGERICHT

„Du kannst ihn aufziehen.“ So furchtbar vielsagend diese Worte nahende Qualen verhießen, so lächerlich ungerührt wurden sie ausgesprochen. Fast schon gelangweilt, in jedem Fall angewidert von dem, was nun folgen würde, hatte der Stadtschreiber an seinem Tisch Platz genommen. Dort erwarteten ihn Tintenfass, Feder und frisches Papier. Sie befanden sich in den Gewölben der Pottensteiner Fronfeste. Sie, das waren der Stadtschreiber selbst, der Angeklagte und der Henker. Letzterer hatte soeben die am Rücken zusammengebundenen Hände des Angeklagten am Ende eines Seils befestigt, das über einen Flaschenzug an der Decke verlief. Das andere Ende hielt der Henker nun fest in beiden Händen. Der Angeklagte war ein Junge, noch keine 18 Jahre alt. Sein Name war Veit Schneider. Aus Angst vor dem, was ihn in den nächsten Augenblicken erwartete, hatte er sich eingenässt. Der Henker begann, an seinem Seilende zu ziehen. Die Rolle des Flaschenzugs quietschte und die Arme des Jungen wurden hinter seinem Rücken nach oben gezogen. Winselnd gestand er. Je höher der Henker die Arme zog, desto mehr Verbrechen offenbarte der Angeklagte. Der Stadtschreiber protokollierte die Verfehlungen des Veit Schneider gewissenhaft. Immer zahlreicher wurden die Diebstähle, von denen der Gefolterte, vor Schmerzen keuchend, berichtete. Der Stadtschreiber wies den Henker an, weiterzuziehen. Kein begangenes Unrecht sollte verborgen bleiben.

Ein lautes Krachen beendete das Geständnis. Der kräftige Zug des Henkers kugelte dem Jungen den Oberarmknochen aus. Dieser stieß gegen das Schulterblatt und verursachte einen tiefen Riss. Die Folter war beendet. Dem Stadtschreiber war es einerlei. Er hatte, was er brauchte. Der wimmernde Angeklagte wurde in seine Zelle gebracht, der Henker reinigte das Gewölbe und das Verhörprotokoll wurde dem Gericht überreicht. Angesichts der vielen Diebstähle, die Veit Schneider gestanden hatte, und in Anbetracht der Tatsache, dass es sich um einen vorbestraften Wiederholungstäter handelte, wurde die Höchststrafe verhängt – Tod durch den Strang.

Es sollten einige Wochen vergehen, bis das Urteil vollstreckt wurde. Dann wurde Veit Schneider aus seiner Zelle geholt und durch die Stadt hinauf zum Hochgericht geführt. Auf dem Weg dorthin passierte die schaurige Prozession zwei Beichtsäulen, an denen der Verurteilte seine Sünden beichten und bereuen musste. Auf dem gemauerten Sockel des Hochgerichts erwarteten den Jungen der aus Holz gezimmerte Galgen und die versammelte Bevölkerung Pottensteins. Ob sie wollten oder nicht, sie alle mussten der Hinrichtung beiwohnen. Das Schicksal des Verurteilten sollte ihnen als Warnung dienen.

Nachdem Veit Schneider gehenkt worden war, ließ man seinen toten Körper, weithin sichtbar, auf dem Hochgericht hängen. Wie viele andere blieb er vermutlich so lange dort, bis seine Überreste von selbst vom Galgen abfielen. Die Gebeine wurden eingesammelt und im Hochgericht verscharrt. Ein christliches Begräbnis auf dem Friedhof blieb dem Gehenkten verwehrt.

Das alles ereignete sich vermutlich im Jahre 1595 in Pottenstein. Bei Ausgrabungen auf dem Hochgericht wurde das gerissene Schulterblatt eines jungen Mannes entdeckt. Da sich in den Prozessakten Pottensteins kein weiterer männlicher Jugendlicher findet, spricht vieles dafür, dass es sich bei dem Schulterblatt tatsächlich um einen Teil der sterblichen Überreste des erbarmungswürdigen Veit Schneiders handelt. Möge er in Frieden ruhen.

NACH IN TERRA VERITAS: „AUS DER FOLTERKAMMER AN DEN GALGEN – DIE LETZTEN WOCHEN EINES JUNGEN IN POTTENSTEIN“; ITV-GRABUNGEN.DE UND THOMAS WEICHERT: „ERST DIE FOLTER DANN DER GALGEN IN POTTENSTEIN – DAS POTTENSTEINER HOCHGERICHT“; FRAENKISCHE-SCHWEIZ-WAISCHENFELD.DE

KOPFLOS

DER JÄGERSTEIG IM KLUMPERTAL

Nahe dem mehr als tausend Jahre alten Ort Pottenstein hat sich das Klumpertal tief in die Landschaft gegraben. Lange Zeit hat sich dieses Tal unter den neugierigen Blicken der Menschen weggeduckt. Erst nach und nach wagten diese sich schließlich doch in die moosgrün leuchtende Schlucht mit ihren bizarren Felsformationen.

Am Lauf des Weiherbachs, dessen Quelle inmitten des Tals entspringt, entstanden Forellenweiher und Mühlen. Deren Mühlradklappern, früher nannte man es „Klumpern", verlieh diesem geheimnisvollen Ort seinen eigentümlichen Namen. Tag und Nacht wurde das laute Klumpern zwischen den gewaltigen Felswänden hin und her geworfen und ließ das Tal erzittern. Eines Nachts, der Mond war bereits aufgegangen, schlich eine Gestalt im schützenden Schwarz des Waldes auf dem Jägersteig des Klumpertals. Wie eine lange Schlange windet sich dieser am Fuß schroffer, seltsam anmutender Felsüberhänge entlang. Das aus dem Talgrund tönende Schlagen der Mühlräder verschluckte das Geräusch der einsamen Schritte auf dem Waldboden.

Bei dem nächtlichen Wanderer handelte es sich um den Jäger von Kirchenbirkig, zu dessen Jagdrevier auch das Klumpertal gehörte. Er machte Jagd auf einen Wilderer, der seit einiger Zeit sein räuberisches Unwesen im Klumpertal trieb. Da, ein Schuss! Sein verräterischer Knall sollte noch einige Zeit nachhallen. Hoffentlich lange genug, um den Jäger zu seinem Ursprung zu führen. Und tatsächlich sah er bald, nur wenige Meter vor sich, eine dunkle Gestalt. Es war der Jagdfrevler. Er hatte ihm den Rücken zugewandt. Mit einem langen Messer brach er gerade den Leib eines Wildschweins auf, das er vor wenigen Augenblicken unrechtmäßig erlegt hatte. Blut und Eingeweide ergossen sich rot und warm auf den nächtlichen Waldboden. Die Flamme des Zorns loderte in dem Jäger auf. Viel zu lange war ihm der Strauchdieb entwischt und hatte ungestraft sein verbrecherisches Handwerk ausgeübt. Damit sollte es nun ein für alle Mal vorbei sein. Viel zu oft hatten seine Vorgesetzten ihn dafür getadelt, dass er des Wilderers nicht habhaft werden konnte. Nun brach sich all diese aufgestaute Wut Bahn. Er würde den Schurken nicht entkommen lassen. Und so nahm er leise seine Flinte von der Schulter, legte an, zielte und schoss. Wie ein überreifer Kürbis zerbarst der Kopf des Wilderers, getroffen von Hunderten Schrottkugeln, und verteilte sich in fleischig triefenden Fetzen über die umliegenden Bäume und Sträucher. Seit dieser Nacht spukt der Geist des kopflosen Wilderers wimmernd auf dem Jägersteig im Klumpertal und hat schon so manchem späten Wanderer das Fürchten gelehrt.

INSPIRIERT VON DEN INFORMATIONSTAFELN DES FELSENGARTENS KLUMPERTAL

AUF DEM JÄGERSTEIG IM KLUMPERTAL

FICHTELGEBIRGE

DAS FICHTELGEBIRGE

Anmutig geschwungen präsentiert sich das uralte Fichtelgebirge in Oberfranken dem staunenden Besucher. Schon von Weitem gefallen die dicht bewaldeten Berge mit klingenden Namen wie Waldstein, Rudolfstein und Ochsenkopf. Auf den Gipfeln und an den Hängen verbergen sich in den von Fichten dominierten Wäldern wahre Felsenspektakel, deren eigenwillige Form schon die schwelgerische Fantasie so manches Literaten angeregt hat. Wollsack- oder Matratzenverwitterung wird das Erscheinungsbild des Granits genannt, das seinem einfallsreichen Namen alle Ehre macht. Neben Granit finden sich im steinreichen Fichtelgebirge wertvolle und begehrte Bodenschätze. Zinn, Eisen, Quarz und sogar Gold wurden hier im Lauf der Jahrhunderte abgebaut. So verwundert es nicht, dass der Bergbau im Fichtelgebirge auf eine lange Tradition zurückblickt. Tief in den Stein trieben die Bergleute ihre Stollen. In den dichten Wäldern und unter der Erde, wo Finsternis regiert und der Mensch in der Stille mit seinen Gedanken allein war, wurden die Märchen und Sagen des Fichtelgebirges geboren. Sie handeln von hilfreichen Zwergen und gütigen Berggeistern, von gierigen und rachsüchtigen Menschen und von furchterregenden Geistererscheinungen.

DER WEISSMAINFELSEN

DER OCHSENKOPF

Dieses stattliche Felsmassiv erhebt sich am Osthang des Ochsenkopfes und veranschaulicht eindrucksvoll die für das Fichtelgebirge typische Erscheinungsform der Wollsackverwitterung. Die Felsen bilden eine regelrechte Felsenburg, in deren Innenhof eine Sitzgruppe zum Verweilen und Entspannen einlädt. Unter dem Massiv sollen venezianische Bergleute im Mittelalter nach Gold gegraben haben. In den Granit geschlagene Stufen führen durch einen schmalen, im Fels klaffenden Spalt steil hinauf zu einem Aussichtspunkt mit prachtvollem Panoramablick. Auch wenn sich ganz in der Nähe die Weißmainquelle befindet, wurde dieses Felsmassiv früher, statt mit dem Fluss, mit den „Weisen Männern“, also den Druiden in Verbindung gebracht und daher „Weißmannsfelsen“ genannt.

DAS BEEINDRUCKENDE FELSMASSIV DES WEISSMAINFELSENS

HINAUF AUF DEN AUSSICHTSPUNKT DES WEISSMAINFELSENS

DAS VERSUNKENE SCHLOSS

DER OCHSENKOPF

Weit hatten ihn seine Füße getragen. Schon viele Tage war er unterwegs. Er war steile Hänge hinauf und hinab gestiegen. Er hatte Täler durchquert, die von sanft fließenden Bächen im Lauf der Jahrtausende geduldig geformt worden waren.

Nun war er seinem Ziel ganz nahe. Doch bevor der Wanderer seine Schritte leichtfüßig gen Bischofsgrün lenken konnte, musste er noch einen letzten Gipfel erklimmen, den Ochsenkopf. Der tropfendicke Tau, der seine Haut während des morgendlichen Aufstiegs angenehm gekühlt hatte, wurde auf dem spärlich bewaldeten Gipfel von den wärmenden Sonnenstrahlen des Vormittags durstig aufgesogen. Aus den Orten rings um den Berg erklang Glockengeläut, das die Gläubigen an diesem Johannistag zur Messe rief. Die Glocken hatten ihr Lied kaum beendet, da wurde es still zwischen den Steinen. Das Gezwitscher der Vögel und das Summen der Insekten verstummten. Ein unheilvolles Schweigen senkte sich alle Geräusche aus der Luft tilgend über den Berg. Nichts war mehr zu hören. Einzig seinen eigenen, sich beschleunigenden Atem konnte der Wanderer noch vernehmen. Unvermittelt begann es tief unten im Berg zu rumoren. Die Felsen erzitterten und wurden von unsichtbaren Kräften hin und her gerissen. Der Wanderer suchte verzweifelt Halt an einem nahestehenden Baum und beobachtete ungläubig, wie sich der Berg dröhnend vor ihm öffnete. Steine und Geröll wurden wie von Geisterhand aus den bodenlosen Tiefen der Erde nach oben gedrückt. Gebannten Blickes beobachtete der unfreiwillige Zeuge das unheimliche Geschehen. Und als ob es des Spuks noch nicht genug gewesen wäre, erhob sich nun ein gewaltiges Schloss aus

BLICK ÜBER DIE NÖRDLICHE SEILBAHN HINÜBER ZUM SCHNEEBERG

DAS GEHEIMNISVOLLE BILDNIS DES OCHSENKOPFES

dem Erdinneren. Zuerst die von dichtem Moos leuchtenden Turmspitzen. Dann die Zinnen, die wie zerbrochene Zähne aus den zerfallenen Mauern ragten. Immer weiter schob sich das ungeheure Bauwerk empor. Bis es schließlich in seiner ganzen gespenstischen Pracht vor ihm stand. Dann endlich erstarb das Grollen und die Erde beruhigte sich wieder.

Was war das für ein seltsames Spektakel gewesen? Und wessen Schloss konnte das sein? Vorsichtig löste der Wanderer sich von dem Baum und ging von Neugierde getrieben auf das Schloss zu. Er trat durch das weit geöffnete Tor in den im Sonnenlicht schimmernden Innenhof. Von den Wänden hing Gold wie Eiszapfen herab. Überall funkelten Saphire, Smaragde und Rubine. Ein unbeschreiblicher Glanz ging von all diesen Schätzen aus. Gleich einem der Realität entrückten Traum wandelte der Besucher staunend durch die menschenleeren Räume und Säle. Wie sollte der Ahnungslose auch wissen, dass er sich an einem verfluchten Ort befand?

Vor vielen Hundert Jahren war das Schloss dazu verdammt worden, in den steinigen Massen des Ochsenkopfes zu versinken. Seither kehrt es jedes Jahr nur einmal, wenn am Johannistag die heilige Messe gelesen wird, an die Erdoberfläche zurück.

Plötzlich, die Zeit war wie im Flug vergangen, läuteten die Glocken in Bischofsgrün das Ende der Messe ein. Mit einem Mal schlossen sich die Tore mit lautem Knarren und die Erde begann, erneut zu beben. Das Schloss versank unter ohrenbetäubendem Lärm wieder im Fels und mit ihm der bedauernswerte Wanderer. Erst ein Jahr danach, es war wieder Johannistag, erhob sich das Schloss erneut aus dem Stein und gab seinen Besucher frei. Zum Glück vergeht die Zeit unter der Erde viel schneller als auf der Oberfläche. Für den Wanderer waren gerade einmal drei Tage vergangen, als er, die Taschen voller Gold, Silber und Edelsteine, wieder ans Tageslicht gelangte.

INSPIRIERT VON DER SAGE ZUM OCHSENKOPF (WWW. WEISSENSTADT.DE)

ZU JEDER JAHRESZEIT MAGISCH –
DIE WÄLDER RINGS UM DEN OCHSENKOPF

DIE WILDE JAGD

DER RUDOLFSTEIN

Was wissen wir Menschen schon von den Göttern? Viel zu klein ist unser Verstand, um deren allumfassende Macht und ihr monströses Sein zu erkennen, geschweige denn ihr Handeln zu verstehen. Als Herrscher über den Kosmos zogen sie einst am Firmament ihre Bahnen und erschienen den Sterblichen als gewaltige Sternenbilder, die diese ehrfürchtig verehrten. Genährt von dem Glauben an sie und der Angst vor ihnen herrschten die Götter über alle Welten und alle Zeit.

Doch dann pflanzte eine neue Religion ihren Samen in die Herzen der Menschen. Die Lehre eines einfachen Zimmermanns aus einem fernen Land wuchs und gedieh und verdrängte die Furcht vor den alten Göttern. Die gütige Stimme des neuen Glaubens übertönte das gierige Fauchen und das gefräßige Knurren von Wodans Wölfen. Es nahm dem Donner von Donnars Hammer den Schrecken und bändigte die Wollust der verführerischen Freya. Langsam geriet der alte Glaube in Vergessenheit.

Doch nichts schläft für immer. In den Nächten zwischen Weihnachten und dem Dreikönigstag kehren die alten Götter zurück und mit ihnen die Seelen der Toten. All jene, die eines gewaltsamen Todes gestorben sind, entsteigen in diesen Nächten ihren Gräbern und schließen sich jammernd und wehklagend der von Wodan angeführten Wilden Jagd an. So peitscht die grauenerregende Gemeinschaft der Vergessenen mit den Winterstürmen über die Ebenen und durch die Wälder. Mit fürchterlichem Geheul und Getöse jagen sie durch die eiskalte Nacht. Ihr Ritt gilt der Suche nach verurteilten Seelen. Bäume knarzen, ächzen und brechen unter ihrem Ansturm. Menschen, die den Weg der schauderhaften Schar kreuzen, werden von ihr hinweggefegt oder mitgerissen. Gefangen in dem brausenden Tross müssen die Erbarmungswürdigen dann dem achtbeinigen Pferd Wodans folgen, bis sie befreit werden.

DIE FELSEN DER RUINE RUDOLFSTEIN

Standort
Rudolfstein

DIE FELSEN DER RUINE RUDOLFSTEIN

Auf ihrer Suche jagen die Toten auch über die schneebedeckten Gipfel des Fichtelgebirges. Hier, wo in früheren Zeiten Räuber und Raubritter ihr Unwesen trieben, fahren Wodan und die Seinen reiche Ernte ein. Sie reiten auch über den Rudolfstein. Auf dessen felsigem Gipfel thronte einst eine stolze Burg. Gewaltige, den Verstand verwirrende Mauern wurden zwischen den sich hoch in den Himmel erhebenden Felsmassiven gebaut. Von hier aus überzogen die Rudolfsteiner Raubritter die Umgebung mit blutigem Terror. Längst sind ihre Taten vom Henker gesühnt, längst die verfluchten Mauern verfallen. Doch das Böse, das sie antrieb, schwelt noch immer zwischen den Steinen. Wie ein fast erloschener Funke glimmt es im Inneren des Berges und schart die Seelen der Verdammten um sich. Hier in der Dunkelheit verbergen sie sich vor der Wilden Jagd, die Jahr um Jahr wiederkehrt.

So auch heute Nacht. Die lebenden Bewohner des Fichtelgebirges wissen es. Sie alle bleiben zu Hause, versperren ihre Türen und Fenster und beten. Nur ein Jägersmann aus der Fremde, der nichts von den Gefahren ahnt, ist noch auf dem Rudolfstein unterwegs. Er hat es auf einen Wolf abgesehen, der in dieser Winternacht genauso einsam und allein ist wie er selbst. Gegenseitig belauernd, mal still in der Eiseskälte verharrend, dann wieder bedacht nach vorne pirschend, vollführen die beiden einen verhängnisvollen Tanz. Immer weiter hinauf in Richtung des steinreichen Gipfels führt sie ihr mörderischer Reigen, bis sie sich inmitten der hoch aufragenden Felsmonumente wiederfinden, die im Mondlicht bizarre Schatten werfen. Nun stehen sie sich gegenüber. Der Jäger das Gewehr im Anschlag und den halb erfrorenen Finger am Abzug. Der Wolf mit gefletschten Zähnen zum Sprung bereit. Eine scheinbare Ewigkeit vergeht. Dann, noch bevor einer der beiden reagieren kann, beginnt der Sturm.

NACH ALEXANDER SCHÖPPNER: „DIE HÖLLE AUF DEM RUDOLFSTEIN“; BAYRISCHE SAGEN – DRITTER BAND, S. 119

Rundweg
Großer Waldstein

ERWACHT!

DAS ROTE SCHLOSS AUF DEM GROSSEN WALDSTEIN

Das gefällig prasselnde Feuer inmitten der verfallenen Burgmauern hoch oben auf dem Waldstein tauchte die Ruine des Roten Schlosses in flackerndes Licht. Frohlockend fraßen sich die Flammen ausgelassen durch das Holz in der Feuerstelle und spendeten im Austausch für ihr rot glühendes Abendmahl wohlige Wärme. Die beiden Schatzsucher rückten näher an die knisternde Glut und hielten den Flammen ihre ausgekühlten Hände entgegen. Um sie herum herrschte tiefschwarze Nacht. Im Schein des lodernden Feuers huschten dunkle Schatten hin und her und beäugten die beiden ungebetenen Gäste argwöhnisch. Von den Anstrengungen des arbeitsreichen Tages erschöpft, waren diese viel zu müde, um die bedrohlichen Silhouetten wahrzunehmen. Das Graben in dem festen, von Granit durchzogenen Waldboden hatte ihre Kräfte aufgezehrt. Die Erzählungen von goldenen Ziegelsteinen und Höhlen voller sagenhafter Schätze hatten die Abenteurer auf den Waldstein gelockt. Den ganzen Tag hatten sie nach Hinweisen gesucht, Baumruinen erforscht und klaffende Löcher in den Berg gegraben.

Das unablässige Schlagen ihrer Hacken und das Knirschen ihrer Schaufeln waren nicht unbemerkt geblieben. Tief unten im Berg hatte der Widerhall ihrer Mühen Aufmerksamkeit erregt. Pupillenlose Augen, die vor Urzeiten geschlossen worden waren, öffneten sich seelenlos weiß. Gliedmaßen, vor Ewigkeiten zu Stein erstarrt, begannen sich phantasmagorisch zu regen. In der Finsternis schwimmend fanden Formen zueinander und nahmen abscheuliche Gestalt an. Flüssig und fest flossen sie ineinander und gebaren grausam entartete Leiber, die sich, nebulös durch das Erdreich kriechend, der Oberfläche näherten.

Das Grauen unter ihren Füßen nicht im Ansatz erahnend, hatten die Schatzsucher immer weiter gegraben. So manches Fundstück hatte ihr unablässiges Streben zutage gefördert. Allein der ersehnte große Fund war ihnen verwehrt geblieben. Nun, im Angesicht des wärmenden Lagerfeuers, strebten ihre ermatteten Glieder bleiern dem Boden und damit dem erholsamen Nachtlager entgegen. Währenddessen waren die verderbten Schatten in unsere Welt gelangt. Garstig züngelnd raunten sie einander fremd klingende Laute und Wortfetzen zu. Hätten nicht die hypnotisch zuckenden Flammen ihre Sinne gefangen genommen, hätten die beiden Schatzjäger vielleicht das unheilvolle Wispern vernommen, das im wogenden Nachtschwarz langsam, aber stetig anschwoll. So bemerkten sie auch nicht, dass sich der finstere Kreis immer enger um sie schloss. Darin wimmelten die Schatten enthemmt und wild durcheinander. Mit Krallen bewehrte Klauen durchschnitten den lichtlosen Vorhang und griffen unsichtbar nach den arglosen Menschen. Das dämonische Flüstern schwoll weiter an, senkte sich in den Boden und wurde zum spürbaren Grollen, das sich in kreisenden Bewegungen über den Burghof ausbreitete und die Schatzsucher jäh erfasste. Von Entsetzen gepackt beobachteten diese, wie die Wellen gegen die verfallenen Mauern wogten und durch das Burgtor hinaus in die Nacht flossen.

Mit einem Mal wurde es unfassbar still. Ganz so, als hätte das Grauen, das nun die Köpfe der beiden Männer flutete, alle Töne dieser Welt verschlungen. Dann zerriss rostiges Knirschen das Schweigen. Hinzu kam metallenes Scheppern. Es tönte von unten durch den schmalen Aufgang hinauf in den Burghof. Und es kam näher. Quälend gleichmäßig die Dunkelheit durchschreitend erfüllte das Getöse die Nacht. Schon war es in der Burg und versperrte den Verzweifelten den einzig möglichen Fluchtweg.

Als es den Burghof betrat, wurden die Schatzsucher seiner ganzen prachtvollen Ungeheuerlichkeit gewahr. Vor ihnen stand ein hünenhafter Ritter. Die Einzelteile seiner Rüstung schienen von Geisterhand zusammengefügt worden zu sein. Denn zwischen ihren Rändern konnten ihre menschlichen Augen nichts Körperhaftes entdecken. Woher sollten sie auch wissen, dass die fürchterliche Erscheinung die Manifestation all des Dunklen war, das Äonen im Fels geschlafen hatte?

Donnernd erklang aus dem Inneren der Rüstung eine Stimme. Nichts Irdisches haftete ihr an. Es war weder Krächzen noch Brüllen, weder Flüstern noch Kreischen. Es war nichts und es war alles. Es ließ die Schatzjäger bis ins Gedärm erschüttern, sich in Agonie krümmen und winden. Und obwohl die Stimme kein einziges Wort formte, verstanden sie es. „Verschwindet! Verschwindet! Verschwindet!“, brüllte der Schrecken. Als er verstummte, sich das Grollen legte und der gespenstische Ritter schwarz zerfließend ins Erdreich zurückkehrte, erhoben sich die Gepeinigten und flohen in Panik. Das alte Wesen indes kehrte als Summe seiner Teile zurück in die Tiefe und bettete sich erneut zur Ruhe.

INSPIRIERT VON EINEM HINWEIS DES HEIMATFORSCHERS ADRIAN ROSSNER SOWIE VON ALEXANDER SCHÖPPNERS ERZÄHLUNG: „DER GOLDENE ZIEGELSTEIN“; BAYRISCHE SAGEN – ERSTER BAND S. 176

IM INNENHOF DES ROTEN SCHLOSSES

DER TEUFELSTISCH

DAS ROTE SCHLOSS AUF DEM GROSSEN WALDSTEIN

Inmitten der Ruine des Roten Schlosses auf dem Waldstein erhebt sich ein eigentümlich geformter Fels. Die Natur hat hier mit Geduld und Verwitterung einen riesigen Tisch entstehen lassen. Gut, wenn man diesen Ort bei Tageslicht besucht. Denn in der Nacht ist es hier nicht geheuer. Zum einen scheinen die prächtigen Felsen des Waldsteins im Mondlicht ein geheimnisvolles Eigenleben zu entwickeln. Ihre Schatten werden lang und länger, umarmen sich gegenseitig, verbeißen sich ineinander und schrauben sich zielstrebig dem Nachthimmel entgegen. Zum anderen spürt man die Anwesenheit finsterer Mächte, wenn die letzten Sonnenstrahlen in wilder Flucht den Gipfel verlassen haben. Vielarmig, kichernd und geifernd kriechen sie mit funkelroten Augen aus ihren steinigen Verstecken ins Mondlicht und suhlen sich in ihrer abstoßenden Abscheulichkeit. Teufelchen, Dämonen, Poltergeister und Nachtalben toben ausgelassen zwischen den Felsen umher und spielen sich gegenseitig garstige Streiche.

Tumb wie sie sind, war es dem Feilenhauer aus Weißdorf ein Leichtes, diese Quälgeister einzufangen und auf dem Gipfel des Waldsteins zu bannen. Denn nicht nur auf sein Schmiedehandwerk verstand sich der Feilenhauer. Er war zudem ein zauberkundiger Mann, der es mit so manchem Spuk aufnehmen konnte. So hatte er im Lauf der Jahre so viele Finsterlinge auf dem Waldstein untergebracht, dass es bald kaum noch möglich war, die schändliche Gesellschaft sich selbst zu überlassen, ohne deren Flucht zu riskieren. Zu viele der Schreckgestalten tummelten sich mittlerweile dort oben zwischen den Felsen. Zu stark war die diabolische Energie, die von der schieren Menge der Kreaturen ausging. Irgendwie musste die verderbte Brut gebändigt und beschäftigt werden.

Aus diesem Grund schmiedete der Feilenhauer eines Tages eiserne Spielkarten, die den teils gewaltigen Kräften der Kreaturen standhalten und sie hoffnungsvollerweise derart beanspruchen würden, dass ihr Verbleib auf dem Waldstein gesichert wäre. Als das Kartenspiel komplett war, packte er es in eine Tragetasche, zog seinen Mantel an und machte sich im Schutz der Dunkelheit auf den Weg hinauf auf den Waldstein. Nahe dem Gipfel waberte gelblich leuchtender Schwefel über den Waldboden und schwängerte die Luft mit dem Geruch fauliger Eier. Von allen Seiten strömten weitere üble Gerüche und dazu der Lärm ungezählter, wild durcheinander schreiender Stimmen auf ihn ein. Sprachen und Laute jenseitiger Welten und Zeiten erfüllten die Nacht. In seinem Kopf wurden sie zu einer aus den Fugen geratenen Kakophonie. Immer lauter und fordernder wurden die Stimmen. Sie wanden sich durch sein Gehirn und suchten nach Schwachstellen, derer sie sich möglichst wirkungsvoll annehmen könnten.

Doch der Feilenhauer war auch in diesem gefährlichen Spiel ein erfahrener Gegner. Schon oft musste er sich in sein Innerstes zurückziehen und dort den Kampf mit den dunklen Mächten aufnehmen. Und so blieb er auch in dieser Nacht Sieger und verscheuchte das Stimmgewirr aus seinem Kopf. Neugierig und zutiefst beunruhigt folgten ihm die Höllenwesen in gebührendem Abstand hinauf zum Gipfel. Wüst gestikulierend und wild durcheinander rufend diskutierten sie über den möglichen Grund seines Besuches.

Als er den Felsentisch inmitten der Ruine des Roten Schlosses erreichte, blieb er stehen, nahm die Tragetasche von der Schulter und entleerte den Inhalt auf den steinernen Boden. Laut scheppernd schlugen die eisernen Spielkarten auf und wirbelten lärmend durcheinander. Wie waren die Quälgeister entzückt von dem Getöse. Feixend und johlend stoben sie durcheinander,

drückten einander zu Boden, flatterten mit ihren Flügeln in die Höhe und hüpften auf und ab. Alles nur, um einen kurzen Blick auf die Ursache des höllisch lauten Klapperns zu erhaschen. Im dichten Kreis umringten sie den Feilenhauer. Flehende Blicke aus tausendfach abstoßend gestalteten Augen bettelten darum, zu erfahren, was es mit den Eisenkarten auf sich hatte. Der Zauberer stieg auf den steinernen Tisch, wies eine Handvoll Dämonen an, sich zu ihm zu gesellen, teilte die Karten aus und erklärte den Höllenwesen die Spielregeln. Sogleich griffen sich die geschuppten, gehörnten und geflügelten Gestalten die Karten und begannen begeistert zu spielen.

Seit diesem Ereignis erfüllt auf dem Gipfel des Waldsteins eigenartiges Schlagen und wüstes Gekicher die Nacht. Die eisernen Karten haben mittlerweile mehrere Druckstellen auf der Oberfläche des Steintisches hinterlassen, der bis zum heutigen Tag Teufelstisch genannt wird.

NACH ROSSNER, HOCHSTETTER, SCHMALZ: „GEISTERSPUK AM TEUFELSTISCH";
DER REITER OHNE KOPF – SAGEN AUS DEM FICHTELGEBIRGE, S. 100–102

BILD LINKS: DER TEUFELSTISCH

GEWALTIGE FELSMONUMENTE AUF DEM GIPFEL DES WALDSTEINS

DER ALTE MANN

DIE „SCHÜSSEL" AUF DEM GROSSEN WALDSTEIN

Gleich einem Leichentuch wölbte sich eine dichte Wolkendecke über das Fichtelgebirge. Obwohl es unverkennbar nach Regen roch und in der Ferne das bedrohliche Donnern eines Gewitters zu vernehmen war, wurden die Ausgrabungen auf dem Waldstein unbeirrt fortgesetzt. In den vergangenen Tagen hatten sich bereits des Öfteren Unwetter unheilschwanger angekündigt und waren dann doch in sicherer Entfernung vorbeigezogen. Warum sollte es heute also anders sein? Zudem waren die Ausgräber viel zu neugierig darauf, zu erfahren, welche faszinierenden Entdeckungen in den kaum noch erkennbaren Ruinen der Ostburg am Fuß des sagenumwobenen Granitmassivs der „Schüssel" auf sie warteten. Behutsam bearbeiteten die Forscher das Erdreich mit ihren kleinen Kellen und Pinseln. Ungerührt vom Rumoren der Naturgewalten in der Ferne arbeiteten sie konzentriert weiter. Auch der weißhaarige Mann, der schon seit einiger Zeit regungslos am Rand der Ausgrabungsstelle stand und die Archäologen interessiert beobachtete, fiel kaum jemandem auf. Wenn dann und wann doch einer der Forscher auf ihn aufmerksam wurde und ihn im Vorbeigehen grüßte, nickte er wohlwollend zurück. Mehr geschah nicht. Manch einer sollte sich später an die seltsam anmutende Kleidung des Fremden erinnern, die aus der Zeit gefallen zu sein schien.

Auch der Leiter der Ausgrabung wurde des eigenartigen Greises aus den Augenwinkeln gewahr. Doch als er während einer kurzen Pause beschloss, hinüberzugehen, um ein Gespräch zu beginnen, wandte sich der Alte ab und lenkte seine Schritte hinauf zur Schüssel. Der Archäologe grübelte, wie der betagte Herr wohl den schmalen und durchaus fordernden Pfad erklimmen würde. Währenddessen war dieser innerhalb weniger Wimpernschläge verblüffend flink aus seinem Blickfeld verschwunden. Und so wischten der Forscher mit einem Kopfschütteln und einem

FROSTIGER BLICK VON DER SCHÜSSEL

Schulterzucken die Gedanken rasch beiseite und er widmete sich wieder der Grabung.

Stunden vergingen. Der Himmel, immer noch voller tintenschwerer Wolken, verfinsterte sich zunehmend und der Wind begann aufzufrischen. Nahes Donnergrollen wälzte sich übermächtig durch den Wald. Sein monströses Dröhnen ließ die Erde erzittern und strömender Regen setzte ein. Hektisch wurde die Ausgrabungsstelle mit Planen abgedeckt und der Weg in Richtung des schutzversprechenden Waldsteinhauses eingeschlagen. Da erinnerte sich der Ausgrabungsleiter an den betagten Mann. Zwar war er zur Schüssel hinaufgestiegen, doch seit Stunden nicht mehr zurückgekommen. Der Forscher musste etwas unternehmen. Er konnte den alten Mann unter keinen Umständen bei einem Gewitter alleine in einem eisernen Pavillon zurücklassen. Und so begann er den beschwerlichen Aufstieg zur Schüssel. Stück für Stück kämpfte er sich voran.

Schließlich erreichte der Archäologe die Leiter, die zur Schüssel und zum Pavillon führte. Er zog sich, den stürmenden Naturgewalten trotzend, das Geländer hinauf. Die letzte Stufe. Der Pavillon war leer. Wie war das möglich? Der alte Mann war nicht heruntergekommen. Und einen anderen Weg gab es nicht. Sein Gehirn drehte sich im Wirbel des tobenden Sturms. Eilig, von dem Unwetter wie von Furien gehetzt, verließ der zutiefst verwirrte Forscher die Schüssel und flüchtete ins Waldsteinhaus. Als das Gewitter weitergezogen war, suchten er und seine Kollegen das gesamte Areal ab. Doch der Alte mit den weißen Haaren und den eigentümlichen Gewändern war und blieb verschwunden und wurde bis zum heutigen Tag nicht mehr gesehen.

INSPIRIERT VON EINEM HINWEIS DES HEIMATFORSCHERS ADRIAN ROSSNER

DER AUSSICHTSPUNKT AUF DER SCHÜSSEL

DIE GEISTERMESSE

DIE KAPELLENRUINE AUF DEM GROSSEN WALDSTEIN

Bereits seit Stunden irrte sie durch den Wald. Als sie sich mittags auf den Weg gemacht hatte, um ihren Liebsten heimlich auf der Lichtung unterhalb der gewaltigen Felsen des Waldsteins zu treffen, hatte die Sonne noch hoch oben am Himmel gestanden und den Wald mit ihren wärmenden Strahlen erhellt. Mittlerweile war der Glanz im Schatten der Bäume glühend rot erloschen und dunkle Stille schien alles Leben aus dem Wald verbannt zu haben. Dicke Wolken schluckten das Licht des Mondes. Nur das Rascheln des Laubs und das Knacken herabgefallener Äste unter ihren Füßen drangen noch an ihr Ohr. Angstvoll pochte ihr das Herz in der Brust, ließ ihren Körper erbeben und hämmerte erbarmungslos gegen ihre Schläfen.

Erschöpft ließ sie sich schließlich auf den Boden sinken und ergab sich schluchzend der Verzweiflung. Da hörte sie, gedämpft vom nächtlichen Dunst, ein verhaltenes Klingeln. Sie hob den Kopf und lauschte angestrengt in die Nacht. Hoffnungsvoll erhob sie sich und folgte dem anschwellenden Ton. Gleich sanften Wogen inmitten der grässlich tobenden Dunkelheit trug sie der Klang durch den Wald. Das Klingeln führte sie geradewegs vor eine alte Kapelle, deren Mauern im Schwarz der Nacht zu verschwimmen schienen. Auf dem Dach ragte ein kleiner Glockenturm empor. Darin tanzte ein zierliches Glöcklein munter umher und rief bimmelnd zur Messe. Die Tür der Kapelle stand weit offen. Schutz vor den Phantomen der Nacht suchend, stieg die junge Frau die zur Tür führenden Treppenstufen hinauf und trat ein.

Die Messe schien bereits begonnen zu haben. Vorne am Altar stand ein Priester mit erhobenen Armen. Ein blasser Schimmer umgab ihn, ebenso wie die anderen Anwesenden. In grauweiße Tücher gehüllt, füllten sie die vorderen Reihen und blickten unverwandt nach vorne. Niemand schien die junge Frau bemerkt zu haben. So schlich sie sich unbemerkt zu einer der hinteren Bänke und nahm zaghaft darauf Platz. Totenstille herrschte in der Kapelle. Es wurde weder gebetet noch gesungen. Die Orgel blieb stumm und die anderen Gottesdienstbesucher blickten weiterhin starr und tonlos nach vorne.

Eine lähmende Schwere bemächtigte sich der jungen Frau und füllte ihr Herz mit tiefer Traurigkeit. Sie blickte sich um. Seltsam bekannt kam ihr das bleiche Antlitz einiger der grauweißen Erscheinungen vor. Die Erkenntnis traf sie bis ins Mark. Es waren die Toten! All die Verstorbenen der umliegenden Dörfer hatten sich an diesem Ort versammelt, um einer Geistermesse beizuwohnen. Da drehte sich eine der Gestalten langsam zu ihr um. Das den Kopf umhüllende Tuch rutschte zur Seite und gab den Blick auf einen nahezu blanken Schädel frei. Pergamentdünne Hautfetzen formten Reste des vormals vertrauten Gesichts einer ehemaligen Nachbarin, die vor vielen Jahren verstorben war. Der Schädel blickte sie aus schwarzleeren Augenhöhlen ausdruckslos an. Der Mund öffnete sich. Und obwohl ihm kein hörbares Wort entwich, vernahm sie in ihrem Kopf ganz deutlich die Worte: „Schnell Kind, schleich Dich hinaus und lauf!“

Fassungslos tat die junge Frau wie ihr geheißen und erhob sich. Das Holz der Bank unter ihr knarzte. Der Priester erwachte aus seiner Starre und hob den Kopf. Augenlos sah er sie an. Und mit ihm der Rest der geisterhaften Gemeinde. Deren Köpfe hatten sich, einem für die Lebenden unhörbaren Befehl folgend, ihr zugewandt. Die Toten erhoben sich, huschten lautlos aus den Bankreihen in den Gang und flossen ihr grauenvoll bedrohlich entgegen.

Gelähmt vor Angst stand sie da. Ein Luftzug streifte ihren Arm und beendete ihre Regungslosigkeit. Es war der Nachtwind, der sich jammernd in der Tür verfangen hatte, die sich langsam hinter ihr schloss. „Die Tür! Raus, nur raus!“, schrie es in ihrem Kopf. Noch im Herumwirbeln spürte sie die Kälte zahlloser toter Finger auf ihrer Haut. Sie rannte der sich schließenden Tür entgegen und rettete sich mit einem beherzten Sprung ins Freie.

Angsterfüllt drehte sie sich um. Anstelle der Kapelle erhob sich hinter ihr im fahlen Mondlicht eine einzelne Wand. Es war die ihr wohlbekannte Kapellenruine auf dem Waldstein. Weder ein Dach noch ein Türmchen oder eine Glocke waren zu sehen. Wie bei all ihren vorherigen Besuchen auf dem Berg stand die Ruine nackt und verfallen da. Das Trugbild war verschwunden und mit ihm die Toten. Doch bis heute soll man nachts aus den Wäldern des Waldsteins immer wieder das unselige Glockengeläut vernehmen. Es ruft zur Totenmesse und mahnt die Lebenden, dem Gipfel fernzubleiben.

NACH ROSSNER, HOCHSTETTER, SCHMALZ: „DIE GEISTERMESSE AM WALDSTEIN";
DER REITER OHNE KOPF – SAGEN AUS DEM FICHTELGEBIRGE, S. 80–83

BILD LINKS: DIE KAPELLENRUINE AUF DEM GROSSEN WALDSTEIN

FELSENTRÄUME NAHE DER KAPELLENRUINE

GEISTERHAFTER WEIN

BURGRUINE HOHENBERNECK BEI BAD BERNECK

Zitternd stand sie inmitten der alten, verfallenen Mauern. Die kühle Nachtluft ließ sie frösteln. Ängstlich blickte sie sich um. Nicht ihr eigener Wille hatte sie hierhergeführt. Ihr Dienstherr hatte es ihr, trunken von zu viel Wein und herrisch aufbrausend, befohlen.

Als Pfarrer von Berneck lud er in regelmäßigen Abständen die Würdenträger der Stadt zum Umtrunk ein. Maßhalten, wie es sich für einen Diener Gottes gehörte, war an solchen Abenden nicht seine Stärke. Sowohl er selbst als auch seine Gäste leerten ein Glas Wein nach dem anderen, während sie sich gegenseitig finstere Moritaten und Schauergeschichten erzählten. Je tiefer sie, den Verstand vom Alkohol benebelt, in düstere Stimmung verfielen, desto mehr Wein verlangten sie. Und je mehr sie tranken, desto leerer wurden die Weinfässer im Keller des Pfarrhauses.

Schließlich, es war bereits kurz vor Mitternacht, waren auch die letzten Reserven erschöpft. Als der Pfarrer davon erfuhr, begann er zu toben. In seiner Raserei und angestachelt von seinen betrunkenen Gästen hieß er der Magd, sich schleunigst auf den Weg hinauf zur Burgruine Hohenberneck zu machen. Dort, wo die Geister allnächtlich zechten, sollte sie nach Wein für die Lebenden fragen. Von Angst erfüllt warf sich das Mädchen vor ihrem Herrn auf die Knie und flehte ihn an, ihr diesen gefahrvollen Gang zu ersparen. Doch all ihr Bitten half nichts. Der Pfarrer hatte im Rausch jedes Mitgefühl verloren. Tatsächlich fand er sogar Gefallen daran, das erbarmungswürdige Geschöpf zu seinen Füßen zu quälen. Feist lächelnd blickte er, höhnisches Funkeln in den blutunterlaufenen Augen, auf das verzweifelte Wesen herab.

RUINE HOHENBERNECK

Herrlich, wie sie sich in ihrer Angst vor ihm auf dem Boden wand. Vor Speichel triefend glitt seine fleischige Zunge über die wulstigen Lippen. Gierig sog er den lieblichen Seelenschmerz der Magd ein und weidete sich daran. Als er genug genossen hatte, packte er das bemitleidenswerte Mädchen, schob sie zur Tür und stieß sie, unter dem lauten Gejohle seiner Saufkumpane, hinaus in die Nacht.
Auf dem Weg hinauf zur Ruine wich die laue Sommerluft eisig kaltem Ostwind, der ihr von oben entgegenzuwehen schien. Ganz so, als wolle sie etwas am Aufstieg hindern. Doch sie musste hinauf. Ihr Herr hatte es ihr befohlen. Und wer wusste, welches Schicksal ihr drohte, wenn sie seinem Wunsch nicht entsprach. Lieber ihr Glück mit den Toten versuchen, als die Grausamkeit der Lebenden heraufzubeschwören. Beseelt von derart düsteren Gedanken, lenkte sie ihre Schritte weiter der Burg Hohenberneck entgegen. Die im Mondlicht wandelnden Schatten der Bäume begleiteten sie. Tausend Augenpaare waren auf sie gerichtet und verfolgten jeden ihrer wankenden Schritte.
Als sie die dräuenden Mauern der Burg erreichte, verstummte der Wind. Unbegreifliche Stille lag über dem verwunschenen Ort. Die Magd trat ein. Sie war allein inmitten der im Mondlicht bläulich schimmernden Mauern. Doch was war das? Vor ihren Augen verschwammen die Konturen der fest ineinander gefügten Steine. Nebel quoll aus den rissigen Fugen und ergoss sich unaufhaltsam in den Burghof. Der weiße Dunst formte Tische und Stühle, kleidete den Boden und die Wände mit zerschlissenen Teppichen aus und legte sich als tief hängender Baldachin über den gespenstischen Ort. Als ihre entsetzten Blicke vom Nachthimmel wieder in den Raum vor ihr wanderten, erschienen die Geister. Rost und Grünspan hatten ihre Rüstungen des Glanzes beraubt. Aschfahl und eingefallen waren ihre Gesichter. Blank gelegte Knochen leuchteten zwischen faserigen Hautfetzen. Tödliche Wunden gaben bereitwillig den Blick ins feuchtkalte Innere frei. In ihren knöchernen Händen hielten sie Totenschädel, die ihnen als Trinkpokale dienten. Still starrten sie das Mädchen aus ihren leblosen Augen an.
Schließlich erhob sich einer der Geister und kam, getragen von dem weißen Nebel, auf sie zu. Unfähig, sich zu bewegen oder auch nur einen Ton von sich zu geben, stand sie da. Gelähmt vor Angst starrte sie in das von der Zeit zerstörte Antlitz des Toten. Ihre Blicke trafen sich. Die abgrundtiefe Traurigkeit und die Verzweiflung der gequälten Seele umfingen sie und zogen sie mit sich in einen dunklen Strudel, dessen unablässiger Sog ihr die Sinne raubte.
Als das Mädchen erwachte, fand sie sich auf dem Boden der Ruine wieder. Geister und Nebel waren verschwunden. Über ihr leuchteten Mond und Sterne. Neben sich fand sie einen der als Pokale benutzten Totenschädel, randvoll gefüllt mit Wein. Mit verkrampften Eingeweiden erhob sie sich, nahm den Pokal und stieg taumelnd hinunter nach Berneck. Dort überreichte sie ihrem Herrn das aus dem Jenseits stammende Gefäß. Mit einem Schlag löste sich die von Grauen gepackte Gesellschaft auf. Der Pfarrer selbst jedoch, vom übermäßigen Weingenuss jedes klaren Gedankens beraubt, spottete den Geistern und leerte den Pokal in einem Zug. Den nächsten Morgen sollte er nicht erleben.

NACH ALEXANDER SCHÖPPNER: DAS GEISTERMAHL AUF DER BURG WALLENRODEN, BAYRISCHE SAGE – DRITTER BAND, S. 115–116

DER BERGGEIST

BURGRUINE EPPRECHTSTEIN

Viele Jahre ist es her, da weidete ein junger Hirte seine Schafe am Fuß der Ruine Epprechtstein. Der Herbst hatte bereits Einzug gehalten und der von Tag zu Tag eisiger blasende Ostwind zerrte wild entschlossen an dem bunt gefärbten Blätterkleid der einzeln stehenden Laubbäume. Rot, gelb und braun leuchtete das Laub auf den Wiesen und Felsen des Epprechtsteins. Matt und erschöpft vom Aufstieg ließ sich der Hirte im weichen Gras nieder, schloss die Augen und genoss die Ruhe und die Einsamkeit, die ihn wohlig umfingen. Nur das Blöken seiner Schafe und das Rauschen des Windes in den Blättern waren zu vernehmen.

Als er sich schließlich wieder aufrichtete und sich benommen umblickte, wurde der Hirte eines Mädchens gewahr, das drüben am Waldrand stand. Gar seltsam gekleidet war das schöne Geschöpf. Ein Gewand aus Ästen und Blättern trug es. Die Haare

BLICK VOM AUSSICHTSPUNKT DER
BURGUINE EPPRECHTSTEIN HINÜBER
ZUM SCHNEEBERG UND ZUM OCHSENKOPF

waren zu einem langen Zopf geflochten, aus dem Beeren und andere Früchte in allen erdenklichen Farben und Formen zu wachsen schienen. Eifrig kehrte das anmutige Geschöpf das von den Bäumen gefallene Laub zusammen und türmte damit einen kleinen Haufen nach dem anderen auf. Da erkannte der Hirte, dass es das Rascheln dieses Laubes war, das ihn hatte aufhorchen lassen. Nun bemerkte ihn auch das Mädchen. Freundlich lächelte es zu ihm herüber. Der junge Mann erhob sich und ging langsam auf die Fremde zu. Als er sie erreicht hatte und sie ansprechen wollte, griff sie mit beiden Händen in einen der Laubhaufen und stopfte die bunten Blätter tief in die Jackentaschen des Hirten. Wieder und wieder fuhren ihr Hände zwischen die Blätter und wieder und wieder füllte sie damit die Taschen des Jünglings. Erst als diese bis obenhin voll waren, schien sie zufrieden zu sein. Sie trat einen Schritt zurück, blickte den verwunderten Hirten lächelnd an und löste sich vor dessen Augen in Luft auf.

Von Entsetzen gepackt, trieb der junge Mann seine Herde zusammen und floh, so schnell er konnte, den Berg hinab und nach Hause. Dort erzählte er, völlig außer Atem, von der gespenstischen Begegnung. Doch wie erstaunt waren er und seine Zuhörer, als er in seine Jackentaschen griff und statt der Blätter, die er dort vorzufinden meinte, goldene Münzen herauszog. Jedes einzelne Blatt hatte sich in einen blank polierten Goldtaler verwandelt. Flugs war die Furcht vor der geisterhaften Erscheinung vergessen und der ganze Ort eilte dem Gipfel des Epprechtsteins entgegen, um dort auch die übrigen Blätter aufzusammeln. Wie groß war die Enttäuschung, als all das Laub, das die hoffnungsvollen Sammler in großen Säcken den Hang hinunter geschleppt hatten, sich auch nach Tagen nicht in klingende Münze verwandelt hatte. Der freundliche Berggeist, der dem Hirten als bezauberndes Mädchen erschienen war, wurde seitdem nie wieder gesehen.

NACH „DER EPPRECHTSTEIN OBERHALB VON KIRCHENLAMITZ“ (WWW.WEISSENSTADT.DE)

DIE HASSBERGE

Heute als idyllisch ruhiger Naturpark bekannt, sind die Hassberge geprägt von allerlei düsterer Geschichte und Geschichten. Wo heute Mischwälder, sanft geschwungene Hügelketten und träumerische Auenlandschaften zum Wandern und Verweilen einladen, herrschten in alter Zeit oft Missgunst und Zwietracht. Hier prallten im Mittelalter die Gebietsinteressen der beiden rivalisierenden Hochstifte Würzburg und Bamberg aufeinander. Burgen wurden angegriffen, erobert und geschleift. Die dem Verfall überlassenen Ruinen der einst stolzen Bauwerke waren in späteren Zeiten ergiebiger Nährboden für allerlei furchteinflößende Sagen und Legenden. Verborgene Schätze sollen, von Geistern bewacht, in ihren Mauern bis heute schlummern. Undurchsichtige Gestalten sollen in ihrem Schatten Zuflucht gesucht und Teufelsanbeter ihr Unwesen getrieben haben.

RACHSUCHT

BURGRUINE BRAMBERG

Düstere Gedanken brechen sich Bahn. Wispernde Schatten huschen von Baum zu Baum. Ihr stilles Toben erfüllt schwarz die Nacht. Inmitten des dunklen Eichenwalds erhebt sich der Kegel eines erloschenen Vulkans. Tief in seinen Eingeweiden fließt es auch heute noch höllenheiß, wogt es alles verzehrend und brodelt es infernalisch glühend. Alles Leben vergeht im Angesicht der roten Flut, die im Inneren der Erde geduldig darauf wartet, hervorzubrechen und sich gefräßig über die Welt zu ergießen.

Darüber, in luftig felsiger Höhe, thront die düster in die Ferne blickende Ruine der Burg Bramberg. Gefallen durch hinterlistiges Ränkespiel eines gierigen Kirchenmanns pocht das finster steinerne Herz der alten Burg inmitten der von dem Verschwörer darüber erbauten Mauern. Rachsüchtig schlägt die Erinnerung an Verrat und Mord wie eine Trommel und schickt ihren unheimlichen Takt in die Nacht. Das Herz eines verirrten Wanderers nimmt ihn pulsierend auf. Alles schlägt im Rhythmus der nach Vergeltung schreienden, vergangenen Seelen. Angst senkt sich tief, den Verstand überwältigend, in den unglückseligen Reisenden, der den Weg hinauf zu den düsteren Mauern beschreitet. Gefangen im Takt der vom Zorn Getriebenen, die bei der ungerechten Zerstörung ihr Leben ließen, zieht es den Wanderer unwiderstehlich hinauf und den dräuenden Mauern entgegen. Hand in Hand mit den lautlos dunstigen Geistern trägt den Bedauernswerten ein wabernder Dunst nach oben. Die Gespenster hinterlassen eine Spur aus Kälte, während sie ihre lebende Beute umringen und dabei immer weiter empor strömen. Sich selbst und die Seinen vergessend fällt der Wanderer der Geisterschar anheim, geht brodelnd und schreiend in ihr auf und senkt sich, noch bevor der Morgen dämmert, mit ihr in das Gestein des Gipfels. So wächst die schauerliche Armee heran, die eines Tages grausame Rache nehmen wird.

NACH LUDWIG BECHSTEIN: „VOM ALTEN SCHLOSS BRAMBERG";
DER SAGENSCHATZ DES FRANKENLANDES I. TEIL, S. 190–191

RUINE BRAMBERG

DAS SCHNEIDERLOCH
IN DER RUINE LICHTENSTEIN

GERICHTET

DAS SCHNEIDERLOCH IN DER RUINE LICHTENSTEIN

Schon im Morgengrauen fanden sich auf dem Richtplatz die ersten Schaulustigen ein. An Schlaf war in der Nacht zuvor rund um den Marktplatz ohnehin nicht zu denken gewesen. Zu laut hallte der Lärm der Sägen und Hämmer zwischen den Häuserwänden hin und her. Eilig hatten die Zimmerleute in den vergangenen Stunden das Blutgerüst aufgebaut, nur beleuchtet von im Wind flackernden Kerzen. Als der Hahnenschrei gellend ertönte, und die ersten zaghaften Sonnenstrahlen das mit dem Unrat der Nacht bedeckte Kopfsteinpflaster trafen, hatten die Handwerker ihre Arbeit beendet. In der Mitte des Marktplatzes erhob sich das hölzerne Gerippe des Schafotts. Je höher die Sonne stieg, desto mehr Menschen fanden sich ein. Gleich dem Summen eines Bienenstocks flutete das Stimmengewirr den Platz. Alles drängte sich um die Richtbühne. Jeder wollte einen freien Blick auf das nahende, grausame Schauspiel erhaschen.

Mit einem Mal wurde es still auf dem Platz. Nur das Schleifgeräusch rostiger Ketten auf dem steinernen Pflaster war zu vernehmen. Schritt für Schritt näherte sich der Verurteilte, von der Burg her kommend, dem Schafott. Geführt wurde er von zwei schwarz gewandeten Henkersknechten. Doch da war noch ein anderes Geräusch. Neben dem Klirren der Ketten hörte man ein leises Kichern. Es entfuhr dem zur Fratze verzerrten Mund des Verurteilten. Eigenartig entfremdet wie das Gesicht war auch seine restliche, ausgemergelte Gestalt. Zerzaustes, strähniges Haar umrahmte das hagere Gesicht, das auf dem dünnen Hals nervös hin und her wankte. Über den eingefallenen Wangen gruben sich wild rollende Augen tief in den Schädel. Die dürren Arme, beschwert von den eisernen Ketten, wirkten grotesk und unnatürlich lang. Der nackte Rücken, von der Folter geschunden, wies zahlreiche klaffende Wunden auf, die sich bei jedem Schritt schmatzend öffneten und wieder schlossen.

Angewidert von dem Anblick des entstellten Körpers wich die Menschenmenge zurück und gab eine Gasse zum Schafott frei. Immer weiter kichernd schlurfte der wahnsinnige Schneider, während er seinen wirren Blick von einem Schaulustigen zum nächsten wandern ließ, seinem Ende entgegen.

Nicht die Qual der Folter hatte seinen Verstand gebrochen. Den hatte er schon lange zuvor in der modrigen Enge seiner Höhle im Fels unter der Burg Lichtenstein verloren. Nachdem er seine ehebrüchige Frau und deren Liebhaber ermordet hatte, hatte er sich in das, später nach ihm benannte, Schneiderloch geflüchtet und sich dort vor den Augen der Welt verborgen. In der selbst geschaffenen Einsamkeit war der Wahnsinn in sein Hirn gekrochen. Er verbarg sich in dem dichten Gebüsch vor seiner Höhle und lauerte arglosen Knechten und Reisenden auf, überfiel und tötete sie. Selbst in der Burg trieb er sein Unwesen, raubte und mordete. Statt einen Menschen hinter all den Untaten zu verdächtigen, erzählten sich die Bewohner der Burg bald von einem schattenhaften Phantom, das nachts in den Gängen lauerte. Nur durch Zufall gelang es schließlich, den irren Schneider auf frischer Tat zu ertappen.

Ohne viel Federlesens wurde er dem Henker vorgeführt und verhört. Es dauerte nicht lange, und der geständige Mörder führte seine Bewacher zu seinem Versteck. Dort klärten sich, dank der in den Ecken und Nischen gefundenen Wertgegenstände, gleich mehrere kapitale Verbrechen, und der Schneider wurde zum Tode verurteilt. Die Kunde von der nahenden Hinrichtung verbreitete sich wie ein Lauffeuer.

Und nun war es so weit. Der Verurteilte erklomm Stufe um Stufe das Schafott. Dort erwartete ihn der Henker. Es sollte kein leichtes Sterben werden. Statt ihm einen schnellen und gnadenvollen Tod zu gewähren, hatten die Richter eine perfide Hinrichtungs-

methode ersonnen. In einem Eisenkorb mit rot glühenden Kohlen wurden Scheren und Nadeln erhitzt. Diese trieb der Henker dem Schneider eine nach der anderen in den ausgezehrten Leib. Stunde um Stunde wurde der Verurteilte so langsam zu Tode gefoltert. Doch statt schmerzverzerrter Schreie hörte die entsetzte Menge stets nur sein leises Kichern. Manchmal hört man es sogar noch heute, wenn man das Schneiderloch betritt.

NACH LUDWIG BECHSTEIN: „DAS SCHNEIDERLOCH";
DER SAGENSCHATZ DES FRANKENLANDES I. TEIL, S. 201–202

DIE RUINE DER BURG LICHTENSTEIN

GESPENSTISCHE SCHATZSUCHE

BURGRUINE RAUENECK

Schweigend steigen sie den steilen Hang zur Burgruine Raueneck hinauf. Die Männer haben Hacken und Schaufeln geschultert. Begleitet werden sie von der Symphonie der Nacht: dem Klagen der Eulen in den Bäumen, dem Rascheln scheuer Rehe im Gebüsch und unheilvollem Wolfsgeheul in der Ferne. Bang verbirgt der Mond sein Antlitz hinter den aufziehenden Wolken, die den Nachthimmel Stück für Stück in alles verschlingende Finsternis tauchen. Fast scheint es, als wüsste der narbengesichtige Erdtrabant von dem Vorhaben der Männer und der Gefahr, in der sie sich befinden.

Der Weg ist beschwerlich, denn der eisige Frost der Rauhnächte hat sich tief in den Waldboden gefressen, ihn hart und teils spiegelglatt werden lassen. Doch der Plan wurde gefasst. Heute Nacht soll der Schatz in der Ruine geborgen werden. Ein ums andere Mal gleiten die Schatzsucher aus, geraten ins Rutschen und verlieren den Halt. Doch ganz gleich, wie oft sie stürzen, kein Wort, ja nicht einmal ein Laut, kommt über ihre Lippen. Jeder von ihnen weiß, dass ihr Vorhaben nur gelingen kann, wenn sie stillschweigend ans Werk gehen. Ein blau schimmerndes Licht hat in der Nacht zuvor dauerhaft geheimnisvoll an ein und derselben Stelle verharrend im Hof der verfallenen Burg geflackert. Einer der ihren hatte es auf dem Heimweg gesehen und führt die Gemeinschaft nun zielstrebig an. Er weiß ebenso wie seine Begleiter, dass dieses Licht der Sage nach genau an der Stelle erscheint, an der ein gewaltiger Schatz in der Erde verborgen ist. Jedoch sind sie sich alle des Schreckens bewusst, den der Berg in Nächten wie dieser für unvorsichtige Besucher bereithält. Sie kennen die Geschichte vom geizigen Burgherrn, dessen rauem und grausamem Charakter die Burg Raueneck ihren Namen verdankt. Mitleidslos knechtete er die Menschen in seinen Ländereien, raffte gierig alle Schätze zusammen, derer er habhaft werden konnte, und stürzte aus purer Bosheit sogar seinen eigenen Sohn ins Unglück, indem er diesem die Hochzeit mit seiner Angebeteten verwehrte. Böse und durchtrieben bis ins Mark wurde er schließlich für seine Sünden grausam bestraft und verflucht. Der Berg tat sich auf und verschlang den Burgherrn mit all seinen Schätzen.

Bis zum heutigen Tag findet sein Geist keine Ruhe. Getrieben von der ewigen Angst vor dem Verlust seiner Schätze jagt er nachts in einer goldenen Kutsche, gezogen von flammenden, wild schnaubenden Feuerrössern, rastlos um den Berg. Da, der Luftzug der Geisterkutsche hat die Abenteurer gestreift! Oder war es doch nur ein Windhauch? Fröstelnd und verschüchtert setzen sie ihren Weg schweigend fort und erreichen die Burg. Sie überqueren den Burggraben auf der alten, steinernen Brücke und betreten den Burghof. Dort, eine weiße Gestalt! Ist es ein Nebelfetzen oder der Geist des ruhelosen Burgfräuleins? Auf ewig ist sie an diesen, von den Lebenden verlassenen, Ort gebunden. Nachdem sie einst innerhalb der Burgmauern lebendig eingemauert wurde, verschmolz ihre Seele in der Agonie des Todeskampfes mit den Steinen und wandelt seitdem ziellos zwischen den Ruinen in der Dunkelheit umher. Ängstlich rücken die Schatzsucher wortlos zusammen und heben ihre Hacken und Spaten, jederzeit bereit, zuzuschlagen und sich gegen die unerklärlichen Mächte zu verteidigen. Minuten vergehen, doch nichts passiert.

Also weiter, bis zu der Stelle, an der in der Nacht zuvor das blaue Licht geflackert hatte. Leise beginnen sie zu graben. Ihre Hacken reißen den gefrorenen Boden auf. Ihre Spaten rammen sie tief ins Erdreich und heben damit Stück für Stück eine tiefe Grube aus. Der Wind lässt die Flammen in ihren Laternen nervös hin und her tanzen. Ein hohles Geräusch ertönt aus der Grube. Einer der Spaten hat eine Kiste freigelegt. Mit vereinten Kräften hieven die Finder die Truhe aus dem Loch, zertrümmern die Schlösser mit

BURGRUINE RAUENECK

Hammer und Meißel und öffnen den Deckel. Gold, Silber und kostbare Edelsteine funkeln ihnen entgegen. Waren sie bis zu diesem Moment besonnen und überlegt, fällt mit der Anspannung auch die Beherrschung von den Schatzsuchern ab. Wie aus einem Mund beginnen sie laut zu jubeln.

Mit einem Mal überzieht dichter Nebel den Burgberg, umschließt die überraschten Abenteurer und beginnt geisterhaft zu leuchten. Im Nebel bewegt sich etwas. Sie erkennen menschenähnliche Konturen, die langsam, aber unaufhaltsam geradewegs auf sie zuschreiten. Immer näher kommen die Gestalten. Dann schälen sich die Phantome aus dem Nebel und geben sich in all ihrer atemraubenden Pracht offen zu erkennen. Es sind die verstorbenen Mitglieder des mittelalterlichen Centgerichts. Sie alle, die Richter, die Schöffen und der Henker sind gekommen, um über die Schatzräuber Gericht zu halten. Vor Jahrhunderten gestorben, gleichen ihre Geister den verrotteten Körpern in ihren Gräbern. Von unzähligen verurteilten Seelen verflucht, fristen sie ein grausiges Dasein zwischen Diesseits und Jenseits und sind dazu verdammt, bis zum jüngsten Tag Urteile zu sprechen und diese gnadenlos zu vollstrecken. Sie laben sich an den angsterfüllten Schreien ihrer Opfer. Sie genießen den Schmerz, der durch ihren entsetzlichen Anblick die Körper der Menschen krampfhaft zucken lässt.

Dann entfährt einem der gepeinigten Schatzjäger ein Satz: „Ach du lieber Gott!" Schon die Nennung des göttlichen Namens versetzt die verdammten Seelen in maßlose Panik. Sie selbst und der Nebel, der sie brachte, verflüchtigen sich binnen weniger Augenblicke. Die Abenteurer, jeden Mutes beraubt, lassen alles stehen und liegen und fliehen. Keiner von ihnen hat den Burgberg je wieder bestiegen. Der Schatz ist seit dieser Nacht verschwunden und wurde nie wieder gesehen.

INSPIRIERT VON ALEXANDER SCHÖPPNER: „DIE WANDELNDE FRAU AUF RAUENECK", BAYRISCHE SAGEN – DRITTER BAND, S. 88 UND FEUERWEHRVEREIN BRÜNN: „DIE SAGE VON DER GUTEN NIXE UND DEM RAUENECKER RITTER" UND „DIE BRÜNNER SCHATZGRÄBER"

DIE KAPELLE DER BURGRUINE RAUENECK

DAS GEISTERHEER

DIE HASSFURTER RITTERKAPELLE

Stille. Nichts als Stille, umgeben von tiefster Nachtschwärze, die erfüllt ist von einer lauernden Stimmung, die alljährlich die Ritterkapelle zu Haßfurt heimsucht. Just zur unseligen Stunde um Mitternacht ist es so weit. Der Georgiustag ist nah und ein schauriges Spektakel kriecht hervor aus den feuchten Eingeweiden der Kapellenmauern. Niemand soll je die Taten der tapferen, fränkischen Ritter vergessen, die in früheren Zeiten ihre Leben gaben. Ihre Ritterwappen sind tief in das steinige Fleisch der Mauern eingeritzt worden, um ihrer zu gedenken und sie somit unsterblich zu machen.

Und genau das sind sie. In dieser Nacht gibt der heilige Bau ihre Seelen und verstümmelten Leiber preis. Die Wappen beginnen zu pulsieren, sie blähen sich auf. Grüne Schleier stieben aus deren Mitte hinaus in die Nacht. Die Schleier formen Umrisse, menschliche Gliedmaßen, Schädel und unansehnliche Körper, zerfetzt durch die unbändige Kraft der Waffenschläge zu Lebzeiten. Es sind die Geister der Ritter, gekleidet in glänzende Rüstungen, die sie nicht vor dem gräulichen Tod bewahren konnten. Ein jeder trägt seine Waffe bei sich, gewichtige Schwerter und spitze Lanzen. Der Marsch der Unsterblichen setzt sich wogend in Bewegung. Nicht der geringste Laut entfleucht der schwebenden Menge. Durch Hindernisse lassen sich die Entleibten nicht aufhalten, schweben sie doch einfach hindurch. Kein Grashalm beugt sich, kein Ästchen bricht, kein Blatt wird durch die vorbeiziehende Menge bewegt. Das auserkorene Ziel der Geisterschar ist ein einsames Tal im Steigerwald. Zu einer lange vergessenen Zeit hatten dort aufsehenerregende Ritterturniere stattgefunden. Was war das für ein buntes Treiben gewesen mit schallender Musik, lustigen Gaukeleien, edlen Pferden und wunderschönen Jungfern, die ihren auserwählten Rittern zujubelten. Nun ist es zu einem Wettstreit der

DIE RITTERKAPELLE IN HASSFURT

UNHEIMLICHES DENKMAL BEI DER RITTERKAPELLE IN HASSFURT

Toten geworden, eine geräuschlose Farce, in der jeder Schwerthieb still erstirbt. Dennoch treibt es die Untoten zu diesem alljährlichen Wettkampf, von dem sie hoffen, er möge ihnen die gute, alte und lebendige Zeit noch einmal zurückbringen. Doch beim ersten Hahnenschrei, der den neuen Tag ankündigt, muss der Spuk zu Ende gehen. Die leblosen Wesen verschwimmen ineinander zu einem einzigen, riesigen Nebelmeer, das urplötzlich auffährt und schwerelos zur Ritterkapelle zurück schwebt, wo sich jedes der lauernden Wappen seinen Ritter gierig einverleibt. So herrscht wieder Stille und die tapferen Toten warten ungeduldig auf die nächste Georgiusnacht.

NACH ALEXANDER SCHÖPPNER: „DER GEISTERZUG IN DER RITTERKAPELLE ZU HASSFURT", BAYERISCHE SAGEN – DRITTER BAND, S. 92

DAS PORTAL DER RITTERKAPELLE IN HASSFURT

DIE HÖHLE IM GLASA FELS NAHE
DER BURGRUINE WILDENBERG –
EINE RÄUBERHÖHLE?

DER ODENWALD

Wahrhaft göttlichen Ursprung schreibt manch einer dem Odenwald zu. Der Göttervater Odin soll hier zusammen mit anderen nordischen Göttern residieren. Eine weitere Namensdeutung bezeichnet die Region als den Wald der Oden, den Wald der Sagen. Sogar eine der größten deutschsprachigen Geschichten findet im Odenwald einen traurigen Höhepunkt. Siegfried wird hier beim Trinken aus einer Quelle hinterrücks von Hagen von Tronje ermordet. Und so verwundert es kaum, dass der Odenwald mit seinen mystischen Wäldern an steilen Hängen, seinen abgelegenen Tälern, den bizarren Felsformationen, den alten Klöstern und den prachtvollen Burgruinen über Jahrhunderte dankbarer Nährboden für schier unzählige Sagen und Legenden war.

DER SPESSART

Märchenhaft grün leuchten die dichten Laubwälder des Spessarts und regen die Fantasie der Menschen an. Hier lebten und schrieben einst die Gebrüder Grimm. Märchen wie Schneewittchen und Hänsel und Gretel haben ihre Wurzeln in den dunkelsten Winkeln des Spessartwaldes. So geheimnisvoll, romantisch und beeindruckend der Spessart ist, so gewalttätig und gesetzlos ging es dort lange Zeit zu. Abgestumpft durch den grausamen Krieg, der Anfang des 19. Jahrhunderts weite Teile Europas in Form der Eroberungsfeldzüge unter Napoleon Bonaparte heimsuchte, wurden viele Verzweifelte selbst zu Kriminellen. Ihres Zuhauses und ihrer Existenzgrundlage von durchziehenden Truppen, versprengten Soldaten und marodierenden Deserteuren beraubt, sahen viele Menschen nur noch die Möglichkeit, sich selbst ebenfalls mit Gewalt zu nehmen, was sie zum Überleben brauchten. Bauern, die aufgrund von Plünderungen und Missernten Hunger litten, sowie Bürger, die von der Teuerung in den wirtschaftlichen Ruin getrieben worden waren, schlossen sich zu Räuberbanden zusammen.

Schaurige Erzählungen rankten sich bald um die Taten der Spessarträuber. Sie überfielen Geldboten, Kaufleute und Postkutschen. Dank der vielen, nahe beieinander liegenden Herrschaftsgebiete war es den Räubern möglich, von einem Zuständigkeitsbereich in den nächsten zu flüchten und somit ihren Verfolgern zu entkommen. Hinzu kam ihre gute Ortskenntnis. Nur sie kannten all die Verstecke, in denen sie sich verbergen oder ahnungslosen Reisenden auflauern konnten. Mit der Novelle „Das Wirtshaus im Spessart“ setzte Wilhelm Hauff im Jahr 1826 den verwegenen Kerlen ein würdiges Denkmal.

DIE VISION

BURGRUINE WILDENBERG

„Oh geliebte Finsternis, wie schön du bist. Senkst dich als Schmerz verhüllende Decke zärtlich über das Land. Löschst mit dem alles verschlingenden Schatten deines Mantels sanft die letzten Sonnenstrahlen und schenkst uns wohlig dunkle Ruhe. Und während der Tag erstirbt, erwachen deine Kinder.

Hörst du die Eulen, deren trauriges Lied zwischen den turmhohen Bäumen des Mitternachtswaldes hin und her geworfen wird und in der Nacht verhallt?

Hörst du den Gesang der Wölfe, die schmachtend den Mond anrufen? Wonnevoll erschauern lassen mich diese Melodien. Lassen mich angstvoll erbeben und das Leben spüren, wie es wellengleich pochend in meinen Adern pulsiert.

Welch Verzweiflung ergreift mein Herz, wenn du im Glanz der ersten Sonnenstrahlen Abschied nimmst. Wenn du mich verlässt und das gleißend helle Licht des Tages deine vertrauten Schatten hinwegfegt. Dann bin ich wieder allein. Allein in all dem ungestümen Wogen des tobenden Lebens, das mich auf seinen Wellen fortträgt. Fort von dir und deiner gnadenvollen Ruhe."

Zufrieden legte der Dichter die Feder zur Seite und lehnte sich zurück. Der mit weichen Fellen ausgelegte Sessel nahm ihn bereitwillig auf. Er schloss die Augen, genoss das besinnliche Knistern des Feuers in dem riesigen Kamin und glitt dämmernd hinüber in die Welt der Träume. Auch dort vernahm er die Geräusche des Kamins.

Doch es klang anders. Das Geräusch glich einem hämischen Kichern. Das Züngeln der Flammen an den Holzscheiten erinnerte an die Bewegungen einer Schlange, die ihre Beute muskulös umschlingt. Und die feurige Glut war ein glimmendes Auge, das jede Bewegung im Raum lauernd beobachtete und verfolgte. Auch der steinerne Kamin veränderte seine Form. Die Säulen wurden wie fleischige Lefzen weit nach hinten gezogen und legten lange Fangzähne frei, die sich durch den festen Stein bohrten. In dem dadurch entstehenden Maul schlug das Feuer wie eine gierig triefende Zunge hin und her.

Furcht erfasste den Dichter. „Wach auf! Wach doch auf!", hämmerte es fortwährend in seinem Kopf. Doch der Traum hielt ihn fest umklammert. Aus dem Kamin erklangen neue, unheilvolle Geräusche. Das Klirren von Metall erfüllte den Raum. Dazu gesellte sich das donnernde Schlagen von Hufen. Zuerst nur schemenhaft, dann furchteinflößend Gestalt annehmend preschten ihm aus der Tiefe des Kaminschlunds gespenstische Ritter entgegen. Die Flammen des Feuers zurückwerfend erfüllten ihre glänzenden Rüstungen den Saal mit strahlend hellem Glanz, als sie aus dem Kamin in die träumerische Wirklichkeit des Dichters galoppierten. Der Dichter warf seinen Kopf im Schlaf unruhig von rechts nach links. Kalter Schweiß stand auf seiner Stirn, die Haare klebten in feuchten Strähnen fest am Kopf. Die Pferde der Ritter bäumten sich mit geblähten Nüstern bedrohlich vor ihm auf und schlugen mit ihren Vorderhufen in die vor Hitze flirrende Luft. Der Saal vibrierte unter dem geisterhaften Getöse. Die Reiter saßen stolz in ihren Sätteln. Mit erhobenen Häuptern bändigten sie ihre Tiere. In ruhigem Schritt durchquerten sie den Saal und verschwanden der Reihe nach wie Nebel in der gegenüberliegenden Wand. Immer noch verängstigt, doch um ein Vielfaches neugieriger, betrachtete der Dichter die vorbeireitenden, unheimlichen Besucher genauer. Wie herrlich blank ihre Rüstungen poliert waren und wie bunt die Wappen auf ihren Schilden leuchteten. Die ledernen Sättel glänzten und das gepflegte Fell der Pferde schimmerte im Licht des Kaminfeuers. Die schaurige Schar war gänzlich in eigenartig flimmernden Dunst gehüllt. Fast schien es, als wären sie

IM PALLAS

DER GROSSE KAMIN IM PALLAS

DER AUSGREIFENDE BAUM IM INNENHOF

von Wolken aus Goldstaub umgeben, die sie in unergründlichen Formen und Mustern umwehte. Doch nicht nur Ritter waren unter den Reitern. Sogar ein König, dessen Helm mit einer edelsteinbesetzten Krone geschmückt war, schritt an dem faszinierten Dichter vorüber.

Der letzte der Ritter war ein wohlgestalteter, junger Mann, fast noch ein Knabe. Als Einziger trug er keinen Helm. So war es dem traumgefangenen Zuschauer möglich, die geradezu unschuldigen Gesichtszüge des Jungen zu erkennen. Doch neben all der vermeintlichen Unbefangenheit bargen seine Wangen, seine Augen und seine Stirn ein tiefes Wissen um die ihm zugedachte Bestimmung. Himmel und Hölle sollten sein Schicksal lenken und ihn auf langer Ritterfahrt begleiten.

Das erstaunlichste Trugbild erschien nach diesem letzten Ritter. Umwogt von einem schillernd weißen Schleier schwebte ein, von unsichtbaren Händen getragener, Gegenstand durch den Raum. Seine Form wandelte sich in dem überirdischen Schein vom Edelstein zum Gefäß. Mal erschienen die verschwimmenden Schemen als tönerner Becher, dann wieder als goldleuchtender Pokal. Mit einem Mal traf den Dichter die Erkenntnis wie ein Blitz. Kein Albtraum hatte ihn im Schlaf heimgesucht. Vielmehr war ihm ein Geschenk zuteilgeworden.

Er erwachte. Noch benommen von dem soeben Erlebten, griffen seine Hände hastig nach Feder und Papier. Die Vision noch vor dem geistigen Auge begann er, zu schreiben. Und während die Feder über das Papier flog und sich Seite um Seite mit Buchstaben füllte, entspann sich in seinem Kopf ein Epos um den Knaben, die strahlenden Ritter, den König und den überirdischen Gegenstand. Sie waren ihm erschienen, ihm Wolfram von Eschenbach. Es waren Parzival, Ritter Gawan, König Artus, die Ritter der Tafelrunde und der Heilige Gral. Und nun schrieb er ihre Geschichte.

EINER DER WACHTÜRME IM INNENHOF

DER GESANG

DIE GOTTHARDSRUINE BEI AMORBACH

Mit der heraufziehenden Dunkelheit brach die Hölle los. Doch nicht Dämonen fielen über die katholischen Nonnen her, sondern Menschen aus Fleisch und Blut. Getrieben von religiösem Eifer stürmten die schwedischen Landsknechte das wehrlose Kloster auf dem Gotthardsberg oberhalb von Amorbach. Während das Rot des dahinziehenden Sonnenuntergangs in tiefes Nachtschwarz überging, begannen die Eroberer ihr grausames Werk.

Schon viele Jahre wütete der Krieg, den man in späteren Jahrhunderten den Dreißigjährigen nennen sollte, in den deutschen Landen. Katholiken und Protestanten schlachteten einander gegenseitig ab. Aufgestachelt von eifernden Theologen und von machthungrigen Herrschern zu willenlosen Werkzeugen gemacht, lieferten sich gewaltige Armeen gnadenlose Schlachten. Auf ihren Wegen verheerten sie, gleich unersättlichen Heuschreckenschwärmen, das geknechtete Land.

Bis nach Franken waren die unbesiegten Truppen des Schwedenkönigs Gustav II. Adolf vorgestoßen und brachten unbegreiflichen Terror über die katholische Bevölkerung. Verroht von den jahrelangen Entbehrungen und der Erbarmungslosigkeit des Krieges plünderten die Schweden das Kloster. Sie legten Feuer und trieben die Nonnen mit Hieben und Schlägen zusammen. Im Schein der gen Himmel lodernden Flammen errichteten die Soldaten ein hölzernes Tribunal. Nachdem ihr Hauptmann darauf Platz genommen hatte, verstummte die Menge. Nur das sengende Zischen der Flammen und das verzweifelte Schluchzen der Nonnen waren zu vernehmen. Angstvoll blickten die Ordensschwestern hinüber zu den Landsknechten, die ihre Waffen gesenkt hatten und regungslos verharrten. Würde man sie verschonen? Manch ein Soldat erwiderte den Blick der Nonnen. Verbarg sich da ein gütiges Lächeln in den verhärmten Gesichtern, ein Hauch von Gnade? Nein! Aus dem Lächeln wurde ein dämonisches Grinsen und es erhob sich grausames Lachen. Es schwoll an zu durchdringendem Johlen. Gleich dem weit geöffneten Maul einer monströsen Bestie senkte es sich über die in Todesangst zusammengekauerten Nonnen. Dann ertönte die unerbittliche Stimme des Hauptmanns. Er stellte sie vor die Wahl: dem katholischen Glauben abzuschwören und zu konvertieren oder elendig zu sterben. Keine der Nonnen schwor ab.

Als das Kloster bereits lichterloh brannte und den Nachthimmel in gleißend helles Licht tauchte, hörten die Bewohner von Amorbach den Gesang der Nonnen auf dem Gotthardsberg. So sehr die Schweden auch unter ihnen wüteten, ihr Gesang klang weiter durch die Nacht. Selbst in den mit spitzen Nägeln gespickten Fässern, in die sie von den Soldaten gesteckt und den Hang hinunter ins Tal gerollt wurden, sangen sie. Sie verstummten erst, als sie mit den Fässern am Fuß des Berges zerschellten.

Die Stelle, an der sie so elend starben, wird noch heute das „Nonnenwehr" genannt. Ihr Gesang ist dort in so mancher Nacht noch immer zu hören. Als klingende Schatten der Vergangenheit sind sie untrennbar mit diesem Ort verbunden. Ihr Schmerz hat sich tief in Raum und Zeit gebrannt. Zudem wird bis heute von Sichtungen einer einsamen Nonne in der Kirche auf dem Gotthardsberg berichtet. Wer ihr begegnet, hat vielleicht die Gelegenheit, die gepeinigten Seelen zu befreien. Es heißt, der Geist wolle demjenigen, der ihm begegnet, stets einen Schlüssel überreichen. Dieser führe der Sage nach zum Klosterschatz und schenke den Nonnen die ersehnte Ruhe.

NACH MIRIAM UND PETER SEISLER: „DIE NONNEN VOM GOTTHARDSBERG",
SAGEN UND LEGENDEN AUS DEM ODENWALD, S. 80–82

IN DER GOTTHARDSRUINE

DIE GOTTHARDSRUINE

VERTRIEBEN

DIE HEUNESÄULEN AM BULLAUER BERG

Er lag auf dem feuchtkalten Waldboden. Seine Arme und Beine waren mit dicken Seilen an Pflöcken vertäut, die tief ins Erdreich getrieben worden waren. Um ihn herum lagen seine Kumpane, Heunen wie er selbst.

Es waren Riesen, die seit Urzeiten mit den Göttern darum wetteiferten, wer die größten und schönsten Bauwerke errichten konnte. Während die Jenseitigen allein mit der Macht ihrer körperlosen Gedanken und Wünsche Berge, Täler, Flüsse und Meere formten, schufen die Heunen mit ihrer Händearbeit faszinierende Konstruktionen, die, die Sinne verwirrend und allen Naturgesetzen trotzend, die Landschaft prägten. Pyramiden, Steinkreise, Burgen, Tempel, Türme und Brücken hatten sie im Schweiße ihres Angesichts auf allen Kontinenten errichtet. Stets waren die Menschen, ihnen selbst bei Weitem an Kraft und Ausdauer unterlegen, die Nutznießer ihrer Mühen gewesen. In der Morgendämmerung der Menschheit hausten diese schwächlichen Wesen in den Höhlen, die die Heunen ihnen in den Stein gehauen hatten. Später bevölkerten sie die von den Heunen erbauten Städte.

Über die Jahrtausende jedoch war das Wirken der bauversessenen Riesen bei den Menschen in Vergessenheit geraten. Umtriebig und geschäftig, wie sie waren, leugneten die Winzlinge die Existenz fantastischer Wesenheiten, ergaben sich dem Streben nach Reichtum und Macht und begannen die Welt nach ihren Vorstellungen zu formen. Die Heunen, über diese Entwicklung entsetzt, zogen sich gramgebeugt in die Undurchdringlichkeit der dichten Wälder zurück. Doch hier, inmitten des belebenden Grüns des Spessartwalds oberhalb des Mains, wuchs in ihren Herzen der Wunsch nach einem letzten, großen Bauwerk, das zu ihrem Vermächtnis werden sollte. Eine Brücke über das Maintal sollte es werden, vom Heunenberg bis zum Gipfel des auf der anderen Mainseite liegenden Engelberges.

Und so begannen sie aus dem Gestein des Heunenberges gewaltige Säulen zu schlagen, die als Brückenpfeiler die gewagte Konstruktion tragen sollten. Kunstvoll bearbeiteten sie die steinernen Kolosse und versahen sie sogar mit einigen ihrer uralten Schriftzeichen. Auf dass sich kommende Generationen auf ewig an sie und ihre Taten erinnern mögen. Das Schlagen ihrer Hämmer und der massige Klang der Lieder, die sie bei der Arbeit anstimmten, erfüllten das Maintal. Die Menschen, die sich an den Gestaden des Flusses niedergelassen hatten, erschauderten bei diesem, ihnen unerklärlichen Getöse. Sie mieden den Heunenberg und die umliegenden Wälder.

Eines Tages jedoch fand ein fröhlich spielendes Heunenkind den Weg von der Baustelle der Riesen durch den Wald hinunter ins Tal. Voller Entzückung über das lustig zappelnde Ding, das es dort auf einem Acker gefunden hatte, packte sie einen menschlichen Bauern und sein Fuhrwerk und trug beides eiligst den Berg hinauf, um es seinem Vater zu präsentieren. Obwohl dieser seinem Kind sofort befohlen hatte, den Bauern und seine Ochsen ins Tal zurückzubringen, sollte dieser Vorfall das Ende der Heunen einläuten.

Alarmiert vom Erscheinen des Riesenkindes und den furchteinflößenden Erzählungen des entführten Bauern, stellten die Menschen eine Armee auf und marschierten nachts den Heunenberg hinauf. Sie überraschten die Riesen im Schlaf, fesselten sie und machten sich daran, diese unbekannten und fremdartigen Titanen zu vernichten. Und so musste der am Boden liegende Riese tatenlos ertragen, wie die Seinen von den einem Blutrausch verfallenen Menschen im flackernden Schein der Fackeln erbarmungslos dahin geschlachtet wurden. Die abgeschlagenen Köpfe ihrer Opfer gleich riesigen Heuballen durch die Nacht rollend, feierten die Menschen ihren Triumph über das Volk der Heunen, das diesem undankbar wütenden Mob seit Jahrtausenden mit seiner Schaffenskraft zur Seite gestanden hatte.

Als sich das Beil der Henker schließlich über ihm selbst erhob, erwachte der Riese aus diesem abscheulichen Traum. Doch er wusste, dass es sich dabei vielmehr um die Schreckensvision eines nahenden Unglücks handelte als um ein nebulöses Hirngespinst. Tags zuvor hatte sein Kind ihn mit dem wild strampelnden Bauern samt Fuhrwerk in seiner Schürze überrascht. Dies war nicht weniger als das ihm soeben im Traum erschienene Menetekel, das das grausame Ende seines Volkes vorhersagte. Eingedenk des Wissens um die Macht der Träume willigten die anderen Heunen, nachdem er diese zum großen Rat zusammengerufen hatte, ein, die Welt der Menschen zu verlassen. Und so verschwanden die Heunen für immer. Doch ihre Säulen schmücken bis zum heutigen Tag den Hang des Bullauer Berges, der früher Heunenberg hieß.

NACH GISELA LIPSKY UND GABY ULLMANN: „ZAPPLIGES SPIELZEUG – DIE MILTENBERGER HEUNESÄULEN"; FUNDORT SAGEN UND LEGENDEN IN FRANKEN, S. 175–177

DIE HEUNENSÄULEN AM BULLAUER BERG

DIE PALLASWAND DER BURGRUINE KOLLENBERG

DER SCHATZ

BURGRUINE KOLLENBURG

Spät war es geworden. Hoch oben stand der Mond am sternenklaren Firmament. Die Sterne funkelten aufgeregt um die Wette und überboten einander mit pulsierendem Strahlen. So lebensfroh der Nachthimmel die Unendlichkeit feierte, so still und gramvoll ergab sich die Ruine Kollenburg dem Verfall. Fast war es, als könne man das Ächzen und Stöhnen der Mauern vernehmen, die unter der Last der Jahrhunderte ihr einst stolzes Haupt beugten. Eisig blies der Winterwind durch die Mauern und sang sein heulendes Lied.

Außer dem alten Förster lebte hier oben, inmitten des sichtbaren Niedergangs, niemand mehr. Jetzt im Winter, nachdem sich das Wild zurückgezogen hatte und Ruhe einkehrte, saß der Förster Nächte lang in seiner Spinnstube, die vom prasselnden Feuer wohlig gewärmt wurde. Dort empfing er gerne die jungen Menschen aus dem Maintal, nahm ihre Gastgeschenke an und erzählte ihnen im Gegenzug dafür seine spannenden Jagdgeschichten und Räuberpistolen. So war es auch in dieser Nacht. So ungestüm und farbenfroh waren seine Geschichten an diesem Abend gewesen, dass sein junger Zuhörer ihm stundenlang an den Lippen hing und unablässig um mehr bat. Der Förster, vom wohlschmeckenden Wein, den der Bursche mitgebracht hatte, gut gelaunt und überaus erzählfreudig, wob ein dichtes Netz aus betörend schönen und aufregenden Geschichten. Schließlich jedoch wurde auch seine gut geölte Stimme müde und er verabschiedete den jungen Mann in die klirrend kalte Winternacht.

Angetan mit einem dicken Mantel machte sich der Bursche auf den Heimweg und strebte dem steil gewundenen Pfad entgegen, der noch heute von der Burgruine hinunter ins Maintal führt. Kaum hatte er die Hütte des Försters verlassen, da wurde der Knabe eines schwach flackernden Lichts in den Kellergewölben der Ruine gewahr. Neugierig und von den fantasievollen Geschichten des Försters mutig geworden, folgte er dem schwachen Schein und betrat das Gewölbe. Die mondhelle Nacht schien die unsichtbare Barriere vor dem Kellereingang nicht überwinden zu können. Ungeachtet dessen folgte der Bursche unbeirrt dem Licht, das in der Finsternis an Leuchtkraft zunahm und ihn hypnotisch pulsierend immer tiefer in den Schatten sog.

Mit einem Mal flohen die schwarzen Mauern seinen Blicken und stoben regelrecht auseinander. Das Licht strich die Dunkelheit aus den Wänden und erhellte den großen Saal, in dessen Mitte er sich plötzlich befand. Verwundert blickte der Knabe sich in dem scheinbar leeren Raum um. Direkt vor ihm begann die Luft zu flirren und gab den Blick auf eigentümlich geformte

Schemen frei. Zuerst seltsam anzusehen, wurde aus dem Trugbild bald greifbare Gestalt. Vor ihm saß eine alte Frau an einem Spinnrad und sah ihn freundlich an. Langes, weißes Haar fiel über ihre Schultern dem Boden entgegen. Ihre Haut, fast ebenso weiß wie ihr fließend weites Gewand, war so dünn, dass man fast hindurchsehen konnte. „Hat nach so langer Zeit nun doch jemand den Weg zu mir gefunden, um mich zu befreien?“, sprach das Mütterchen. Eine wohlwollende und gütige Ruhe ging von dem Geist aus. Und so fragte der junge Mann, weit weniger ängstlich, als es einer solch seltsamen Situation angemessen gewesen wäre, was er für das Gespenst tun könne.
Unweit der beiden entstand aus dem gleichen Flimmern, das der alten Frau auf so wundersame Weise Gestalt und Stimme gegeben hatte, eine schwarze Truhe und daneben ein grimmig dreinschauender und Zähne fletschender Hund. Doch das war nicht alles. In der Hand des Jungen befand sich plötzlich ein herrlich bunter und betörend duftender Blumenstrauß. „Fürchte dich nicht! Solange du den Blumenstrauß in der Hand hältst, wird dir kein Leid geschehen. Es muss dir nur gelingen, den Deckel der Truhe zu öffnen. Dann bin ich nach all den Jahren endlich erlöst und du wirst ein reicher Mann sein. Denn die Truhe ist bis zum Rand mit wertvollen Schätzen gefüllt. Doch denke daran, behalte stets den Strauß in der Hand!“
Die alte Frau hatte den Satz kaum beendet, da fasste sich der Bursche ein Herz und ging, die Blumen fest umklammert, auf die Truhe und den garstigen Hund zu. Von der Schönheit der Blumen und der furchtlosen Entschlossenheit des Knaben sichtlich eingeschüchtert, verkroch sich das Tier winselnd hinter der Schatzkiste, rollte sich unterwürfig zusammen und verging wimmernd, indem es wieder eins wurde mit dem geheimnisvollen Flimmern. Schon hatte der Knabe die Truhe erreicht und schickte sich an, den Deckel kraftvoll anzuheben. Doch so sehr er sich mit der freien Hand auch mühte, bis auf einen kleinen Spalt, aus dem der Glanz des Schatzes verheißungsvoll erstrahlte, gelang es ihm nicht, den Deckel zu öffnen. Immer wieder klappte dieser gleich dem kraftstrotzenden, alles zermahlenden Kiefer eines Raubtiers zu. Wieder und wieder hob er ihn an. Und wieder und wieder schloss sich der Deckel. Die Warnung des Gespenstes vergessend, legte der Knabe schließlich den Blumenstrauß zur Seite, um die Truhe mit der Kraft beider Hände aufzustemmen. Ein flehendes Seufzen, ein eisiger Windhauch, und alles war verschwunden. Der Saal, die Truhe, der Geist – alles war fort.
Allein und verwundert stand der junge Mann in dem feuchten und dunklen Kellergewölbe. Viele Male kehrte er in den folgenden Jahren zurück, um dem Geist erneut zu begegnen. Doch die alte Frau ist ihm nie wieder erschienen. Wenn der Wind in den Abendstunden durch die verfallenen Mauern pfeift, ist es einem auch heute noch so, als könne man ihr trauriges Seufzen vernehmen.

NACH ADALBERT VON HERRLEIN: „DER SCHATZ AUF DEM KOLLENBERGE“;
DIE SAGEN DES SPESSARTS, S. 156–159

IN DEN EINGEWEIDEN DER BURGRUINE KOLLENBERG

LITERATURVERZEICHNIS

Auer, Horst M.: Fundort Geschichte Franken. Ausflüge in die Vergangenheit, Band 3, 2. Aufl., Cadolzburg: ars vivendi, 2016.

Bauer, Franz: Alt-Nürnberg. Sagen, Legenden und Geschichten. 3. Aufl., München: J. Lindauer Verlag (Schaefer), 1955.

Bechstein, Ludwig: Der Sagenschatz des Frankenlandes 1. Teil, Würzburg: Voigt & Mocker, 1842, hg. v. MV-Literatur, Bremen: MusketierVerlag GmbH, 2021.

Böck, Emmi: Sagen aus Mittelfranken, Nürnberg: Hofmann Verlag, 1995.

Bronnenmeyer, Veit: Die fünf Kreuze des Batholomäus, in: Neubauer, Kurt (Hrsg.): Das Wütige Heer am Walberla. Sagen aus der Fränkischen Schweiz, Nürnberg: W. Tümmels Verlag, 2009

Brückner, Karl: Am Sagenborn der Fränkischen Schweiz. Sagen, Legenden und Lokalgeschichtliches aus den Jurabergen. Faksimile der Ausgabe von 1921, Bamberg: Verlag Antiquariat K.-H. Murr, o. J.

Büttner, Heinz: Sagen, Legenden und Geschichten aus der Fränkischen Schweiz [Arbeitskreis Heimatkunde im Fränkische-Schweiz-Verein (Hrsg.): Schriftenreihe des Fränkische-Schweiz-Vereins: Die Fränkische Schweiz – Landschaft und Kultur, Band 5], 3. Aufl., Erlangen: Palm & Enke, 1990.

Dorn, Vinzenz Reinhard: Sagenhaft. Sagen, Märchen und Schelmengeschichten aus dem Nürnberger Land, Hersbruck: Pfeiffer Verlag, 2011.

Feuerbach, Paul Johann Anselm: Aktenmäßige Darstellung merkwürdiger Verbrechen, 3. Aufl., Frankfurt am Main: Georg Friedrich Heyer Verlag, 1849.

Herrlein, Adalbert von: Die Sagen des Spessarts. 2. Nachdruck der Ausgabe Aschaffenburg 1851, Hildesheim: Georg Olms Verlag AG, 2013.

Kenzler, Hauke: Totenbrauch und Reformation. Wandel und Kontinuität, in: Matthias Untermann (Hrsg.), Religiosität in Mittelalter und Neuzeit, 2011, S. 9–34.

Kriegelstein, Alfred: Sagen, Legenden, Geschichten aus Mittelfranken. 2. Aufl., [Alfred Kriegelstein (Hrsg.): Mittelfränkische Heimatkunde, Band 1], München/Bad Windsheim: Delp, 1985.

Lipsky, Gisela; Ullmann, Gaby: Fundort Sagen und Legenden in Franken, 2. Aufl., Cadolzburg: ars vivendi, 2015.

Magirius, Georg; Westphal, Regina: Mystische Orte. Wanderungen durch Unterfranken, Würzburg: Echter Verlag GmbH, 2012.

Prechsl, Magdalena: Nürnberger Kriminal-Geschichte. Henkerhaus, Lochgefängnis und Schuldturm, [Geschichte Für Alle e. V. – Institut für Regionalgeschichte (Hrsg.): Historische Spaziergänge 16], Nürnberg: Sandberg, 2019.

Roßner, Adrian; Hoechstetter, Klaus; Schmalz, Reinhardt: Der Reiter ohne Kopf – Sagen aus dem Fichtelgebirge, Nürnberg: Koberger & Kompany Verlag, 2017.

Schlund, Hans: Fränkische Altmühl. Sagen und Legenden. 2. Aufl., Leutershausen: Fritz Majer & Sohn KG Verlag, 1996.

Schöppner, Alexander: Bayrische Sagen, Band 1–3, München: Verlag Lothar Borowsky, 1990.

Seisler, Miriam u. Peter: Sagen & Legenden aus dem Odenwald, 2. Aufl., Daun: Regionalia Verlag, 2022.

Tannert, Elmar: Der Jude im Krämersloch oder Wo der Mensch sterben soll, tragen ihn sein' Füß hin, in: Neubauer, Kurt (Hrsg.), Das Wütige Heer am Walberla. Sagen aus der Fränkischen Schweiz, Nürnberg: W. Tümmels Verlag, 2009.

INTERNETQUELLEN:

Feuerwehrverein Brünn: http://www.diebruenner.de/sagen.html [12.07.2023].

Gasthof Grottenhof: Die Geschichte der Maximiliansgrotte, https://maxi.grottenhof.de/geschichte.html [12.07.2023].

In terra veritas: Aus der Folterkammer an den Galgen – Die letzten Wochen eines Jungen in Pottenstein, 10.02.2022, https://itv-grabungen.de/magazin/pottensteiner-galgen [12.07.2023].

Weichert, Thomas: Erst die Folter, dann der Galgen in Pottenstein – Das Pottensteiner Hochgericht, in: Das Forum der Fränkischen Schweiz, 20.06.2016, https://www.fraenkische-schweiz-waischenfeld.de/t152f36-Erst-die-Folter-dann-der-Galgen-in-Pottenstein-Das-Pottensteiner-Hochgericht.html [12.07.2023].

Weißenstadt am See: https://www.weissenstadt.de/fichtelgebirge/sagenhaft/ [12.07.2023].

BILDRECHTE

Bild von der Kirchenmauer in Osterdorf mit freundlicher Genehmigung von Herrn Popp vom Dekanat Pappenheim

Bilder von Schloss Möhren mit freundlicher Genehmigung von Frau Sandra de Greef

Bilder aus dem Historiengewölbe in Rothenburg mit freundlicher Genehmigung von Herrn Martin Wegele vom „Der Meistertrunk" e.V.

Bilder vom Friedhof St. Johannis mit freundlicher Genehmigung von Frau Elfi Heider

Bilder von Gut Obermühle mit freundlicher Genehmigung von Herrn Alexander Müller

Bilder von der Festung Rothenberg mit freundlicher Genehmigung von Herrn Jürgen Glassauer vom Heimatverein Schnaittach e.V.

Bilder von der Maximiliansgrotte in Krottensee mit freundlicher Genehmigung der Bayerischen Staatsforsten Forstbetrieb Schnaittenbach

Bild vom Beinhaus der St. Anna Kapelle in Waischenfeld mit freundlicher Genehmigung von Herr Keller vom Pfarramt Waischenfeld

Bilder der Burgruinen im Burgenwinkel (Bramberg, Lichtenstein und Raueneck) mit freundlicher Genehmigung von Herrn Dr. Alexander Blöchl vom Zweckverband Deutscher Burgenwinkel

DANKE

Herrn Lambert Herrmann und Frau Yvonne Durmann vom Fahner Verlag in Lauf a. d. Pegnitz

Herrn Dr. Adrian Roßner

Frau Sandra de Greef, Schlossherrin von Schloss Möhren

Herrn Lohner vom Grottenhof in Krottensee

Herrn Alexander Müller vom Gut Obermühle

Herrn Dr. Alexander Blöchl vom Zweckverband Deutscher Burgenwinkel

Frau Kerstin Kaupert

Frau Ulrike Nikola vom Bayerischen Rundfunk

Herrn Jürgen Glassauer, Vorsitzender Heimatverein Schnaittach e.V.

Frau Elfi Heider, Leiterin der Friedhofsverwaltung Evang.-Luth. Friedhofsverband St. Johannis und St. Rochus

Herrn Martin Wegele, stellv. Vorsitzender vom „Der Meistertrunk“ e.V., Georgengasse 17, 91541 Rothenburg o.d.T.

„Charlie“, Zeugmeister vom „Der Meistertrunk“ e.V., Georgengasse 17, 91541 Rothenburg o.d.T.

Herrn Haas vom Rothenburg Tourismus Service

Herrn Keller vom Pfarramt Waischenfeld

Frau Veronika Scheibinger von Bayerische Staatsforsten Forstbetrieb Schnaittenbach, Wiesenstr. 10, 92253 Schnaittenbach

Unseren Freunden Hanno Nagy und Thomas Aumeier für die Geduld während der gemeinsamen Foto-Touren